대상관계 심리치료 실제

사례로 보는 치료 안내서

Allan G. Frankland 저 | 김진숙 역

The Little Psychotherapy Book
Object Relations in Practice

학지사

THE LITTLE PSYCHOTHERAPY BOOK: OBJECT RELATIONS IN PRACTICE

FIRST EDITION

by Allan Frankland

© Oxford University Press 2014

역자 서문

대상관계이론을 알게 된 지 올해로 만 30년이 되었습니다. 그동안 많은 대상관계 관련 도서를 접했는데, Frankland 박사가 쓴 이 책은 비교적 최근에 알게 되었습니다. 매 학기 경북대학교 평생교육원에서 상담실무자를 위한 재교육과정으로 대상관계이론을 가르치기 때문에 늘 새로운 강의교재를 찾습니다. 그러던 중 이 책이 제 손에 들어왔습니다. 원제목(『The Little Psychotherapy Book: Object Relations in Practice』)이 말해 주듯, 이 책은 대상관계치료 실제에 초점을 맞춘 '작은 심리치료 책'입니다. 원서의 크기가 자그마하고 분량도 적당해서 한 학기 강의할 교재로 안성맞춤이겠다는 생각이 들어 몹시 반가웠습니다. 또 내용을 검토해 보니 마치 치료 분야의 대선배가 이제 막 상담 실전의 세계에 발을 들여놓은 왕초보 후배들에게 대상관계이론의 관점을 적용하여 내담자를 이해하고 상담을 진행하는 법을 기초부터 차근차근 친절하게 알려 주는 듯했습니다. 그래서 원서에서 느껴지는 이 따뜻하고 자상한 느낌을 최대한 살려서 독자들에게 전달하고 싶어 번역서에서 대화체를 사용했습니다.

대상관계이론은 폭넓은 적용점이 있음에도 불구하고 문헌이 어렵기로 악명 높습니다. 그래서 영어권 독자들도 이해하기 어렵다고 원성이 자자합니다. 그런데 이 책은 처음부터 끝까지 실제에 초점을 맞춰 가상의 내담자와의 사례를 두고 내담자 평가를 위한 면담, 첫 회기 시작하기부터 치료종결에 이르는 상담의 전 과정에 걸쳐 치료자가 어떻게 해야 하는가를 상세하게 설명합니다. 가상의 내담자와 치료자가 대화하는 내용을 축어록 형태로 제시하면서 실제로 치료자가 어떤 말을 하는지를 보여 주고, 왜 그런 말을 하는지에 대한 설명도 추가해서 독자의 이해를 돕습니다. 다섯 단계의 면담법(제3장)을 통해 상담회기 중 면담을 진행하는 데 유용한 지침을 제시하고, 의미의 네 가지 수준(제8장)을 통해 상담회기 중 활성화되는 내담자의 대상관계를 어떻게 파악하고 접근하는지도 보여 줍니다. 이뿐만 아니라 상담에서 내담자에게 조언하기, 치료자에 대한 내담자의 언어적 공격 다루기, 성애적 전이, 선물 받기, 상담 과정에서 내담자가 심각한 기능 저하를 보이는 경우 등과 같이 상담자들이 난처해할 수 있는 실제적인 주제도 다룹니다. 서문에서 밝힌 대로 저자는 대상관계이론뿐만 아니라 자신의 풍부한 임상경험과 자신이 수련 받는 동안 슈퍼바이저들에게 구전으로 전달받은 지혜도 전해 줍니다. 그리고 대상관계이론을 주된 이론으로 적용하지 않는 치료자들도 대상관계 관점을 통합적으로 적용할 수 있는 방법을 책의 말미에 제시했습니다.

　번역 원고를 책으로 제작하는 과정에서 출판사에서 받은 교정지를 상담 분야 왕초보인 석사 1년차 제자 몇 명에게 읽어보라 했더니, 다들 하나같이 쉽게 읽히고 재미있다고 했습니다. 이런 반응에 책을 번역한 저도 기뻤지만, 저자인 Frankland 박사도 이 사실을 알게 되면 무척 기뻐할 것이라고 혼자 상상해 봅니다. 그분이 캐나다에서 치료 분야 후배들을 위해 쓴 실용적인 책이 멀리 한국에 있는 후배들에게도 통했으니 말입니다!

　그동안 대상관계이론을 소개하고자 여러 권의 대상관계 관련 도서를 동료들과 함께 번역해서 출간했는데, 이 책은 처음으로 제가 혼자서 작업한 대상관계 번역서라 느낌이 남다릅니다. 탈고한 번역 원고를 우리말 쓰기와 독자의 관점에서 읽고 번역투 표현을 최대한 빼고 좀 더 쉽게 뜻이 전달되도록 의견을 준 제자 최명희 박사와 새내기 석사 제자들인 이창기, 유승지, 이한라, 이정아, 이수림에게도 감사의 마음을 전합니다. 번역서가 나오기까지 판권을 확보하고 꼼꼼하게 교정하여 멋진 책으로 제작해 주신 학지사 관계자들께 감사드립니다. 마지막으로, 아무쪼록 이 책이 대상관계이론을 상담 실제에 적용하는 데 관심 갖는 분들에게 도움이 되기를 기대합니다.

2019년 황금 돼지해를 시작하며
경북대학교 복현캠퍼스에서
김진숙

The Little **Psychotherapy** Book

저자 서문

나는 그동안 함께 했던 학생들 가운데 많은 이가 대상관계 관점에서 정신역동치료를 실시하는 방법의 요점을 배우고 싶다는 마음을 표현하는 것을 보았습니다. 이것이 내가 이 책을 쓰기로 결심한 이유입니다. 그래서 나의 목표는 초심 치료자들에게 명확하고 실제적인 안내를 해 주는 것입니다. 또한 경력 치료자들 중에서 정신역동과는 다른 이론적 배경을 갖고 있지만 대상관계의 실제 적용에 대한 이해를 얻기 위해 노력하는 분에게도 이 책이 유익하기를 바랍니다. 나는 "그래서 실제로 어떻게 한다는 것입니까?"라는 질문에 답하기를 희망합니다. 일반적으로 관계가 그렇듯이 대상관계 치료는 복잡합니다. 대상관계를 다룬 많은 문헌이 복잡한 용어와 개념으로 가득 차 있다는 사실은 무척 유감스럽습니다. 다양한 용어가 종종 맥락과 저자에 따라서 제각기 다른 의미로 쓰이고 있는 실정입니다. 이 때문에 대상관계를 (특히 책으로) 배우는 일이 유난히 힘들 수 있습니다.

　이 기본적인 안내서를 집필하는 동안 내가 택한 방식은 예전에 수련을 받았을 때를 되돌아보면서 그때의 나에게 가장 유용했을 책을 써 보자는 것이었습니다. 그래서 나는 스스로에게 다음 질문을 던졌습니다. 내가 처음 시작했을 때 좀 더 잘 알았으면 했던 것은 무엇인가? 가장 중요한 개념과 기술을 가장 단순하게 설명하고 예시하는 방법은 무엇인가? 초심 정신역동 치료자에게는 얼마만큼의 정보가 가장 적절할까? 이런 고민의 결과가 이 책이며, 나는 이 책이 다음과 같기를 바랍니다.

- 복잡한 이론과 용어를 최소한으로 쓰면서 이해도를 높인다.
- 가장 흔한 치료 상황들을 보여 주는 유용한 예시를 제공한다.
- 간명하면서도 가장 중요하고 실제적인 소재에 초점을 둔다.

　무술 전통에 "아무 것도 가르쳐 주지 않으려면 모든 것을 다 가르쳐 주는 게 가장 좋은 방법이다."라는 금언이 있습니다. 나는 이 말이 옳다고 믿습니다. 또한 어떤 어려운 새 기술을 가르칠 때, 특히 그렇다고 믿습니다. 그래서 이 책에서는 대상관계의 역사, 이론, 혹은 용어를 깊이 있게 논의하려 하지는 않을 것입니다. 그보다 이 책이 정신역동치료에 관심 있는 학생들에게—나도 이 집단에 자랑스럽게 속해 있지만—출발점, 즉 단도직입적이고 실제적인 방법을 제시하는 매뉴얼이 되기를 바랍니다. 이 책의 의도는 여러분의 심리치료 수련을 보완하는 교재가 되는 것입니다. 이 책(또는 이 점에 관한 한 그 어떤 다른 책)이 슈퍼비전과 다른 형태의 교육을 대체할 수 있다고 본다면 그것은 잘못된 생각입니다. 이 책 부록에 핵심용어(본문에서 진한 글씨로 표기된) 풀이와 추가적으로 읽어 보기를 권하고 싶은 도서의 목록을 제시했습니다.

이 책의 여러 장에 가공의 환자인 수잔과 치료자 간에 이루어지는 대화 예시를 인용했습니다. 복잡함을 피하기 위해, 수잔의 사례를 논의할 때나 환자들을 지칭할 때는 언제나 여성 대명사를 쓸 것입니다.[1] 대화 예시에는 특정한 개념이나 주제를 구체적으로 설명하려는 의도가 담겨 있습니다. 이 예시들은 어떤 특정한 상황을 다루는 법에 대한 하나의 견해를 제시하는 것이지, 독단적인 주장을 펴려는 의도는 아닙니다. 어떤 주제를 다루는 방법에는 분명히 수많은 접근법이 있습니다.[2] 게다가, 심리치료 실전에서는 수많은 양식과 맥락의 요소가 존재합니다. 실제로 치료자에게는 언제나 사용 가능한 광범위한 선택지들이 있습니다. 이것은 여러분이 이 책을 읽으면서 염두에 두어야 할 중요한 주제 중의 하나입니다. 욕심을 부린다면, 이 책에서 내가 제안한 것들을 읽음으로써 여러분이 심리치료에서 흔히 제기되는 주제들을 생각해 보고, 또한 그것들을 다루는 다양한 방법을 숙고하는 데 좋은 자극을 받기를 바랍니다.

---

1) 여러분은 내가 요즈음 정치적으로 좀 더 올바른 용어인 '내담자'가 아니라 '환자'라는 용어를 사용한다는 것을 알아차릴 것입니다. 이렇게 하는 이유는, 한편으로는 이 용어가 의과대학 수련과정 동안 익숙해졌기 때문이고, 다른 한편으로는 이것이 내가 보살피는 사람들에 대한 나의 의무와 책임을 나타내는 것이라고 믿고 있기 때문입니다.

2) 이 책의 의도는 주로 대상관계의 관점에서 정신역동치료를 소개하는 것입니다. 하지만 나는 또한 다른 여러 이론적 틀로부터 유용한 개념과 원리, 그리고 기법을 접목함으로써 정신역동치료에 대한 균형 잡히고 통합적인 접근법을 보여 주려고 노력했습니다.

The Little **Psychotherapy** Book

차례

Chapter
01

도대체 **대상관계**란 **무엇**입니까?

도 대체 **대상관계**(object relations)란 무엇입니까? **대상관계**는 정신 역동 심리치료(psychodynamic psychotherapy)의 네 가지 주요 이론적 모델 중 하나입니다. 나머지 세 개 모델은 **자기심리학**(self psychology), **자아심리학**(ego psychology), 그리고 **애착이론**(attachment theory)입니다. **대상관계**라는 용어 자체가 처음에는 조금 혼란스러울 수 있습니다. 관계(relations) 부분은 이해하기가 쉽습니다. 환자가 자기 자신 및 타인들과 맺고 있는 관계(relationships)와 연관이 있습니다. 그렇다면 **대상**(object)이라는 용어는 무슨 뜻일까요? 그리고 왜 그냥 인간관계라고 하지 않고 대상이라고 할까요? **대상**이라는 용어는 Sigmund Freud가 1905년에 처음 만들어 냈습니다. 이 용어는 사람들이 때로 타인들을 실제 있는 모습 그대로가 아니라 그들이 상상하는 대로 지각한다는 것을 전달하기 위해 사용됩니다. 이것은 마치 사람들이 다차원적인 실제 사람과 관계하는 것이 아니라, 그들의 마음속에 있는 2차원적인 환상 대상/사람(fantasy object/person)과 관계하고 있는 것과 같습니다. 실제 사람은 바람직한 면과 바람직하지 않은 면이 뒤섞인 특성을 갖고 있습니다. 환상 **대상**은 '전부 다 좋은(all good)' 혹은 '전부 다 나쁜(all bad)' 모습으로 잘못 지각될 수 있습니다. 심지어 상황에 따라서는 이 두 모습이 빠르게 뒤바뀔 수도 있습니다. 이 환상 **대상**은 환자가 원하는 것과 필요한 것을 모두 만족시켜 줄 능력이 있다(환자에게는 유혹적으로 생각될 수 있습니다)고 보일 수도 있지만, 동시에 환자에게 이 좋은 것을 주지 않고 보유하고(withhold) 있다[이것은 거부하는(rejecting) 것으로 보일 수 있습니다]고 여겨질 수도 있습니다. 그래서 **대상**(흔히 나쁜 **대상**이라 부릅니다)은 유혹적이면서도 거부하는 것으로도 보일 수 있고, 흔히 이 두 가지가 동시에 있는 것으로 보입니다. 개개인의 독특한 **대상** 환상 원형들은 아주 어릴 적, 심지어는 생애 첫해 이내에 일어나는, 감정적으로 강렬한 '좋은' 경험과 '나쁜' 경험이 어떻게 짜였는가에 영향을 받습니다(Kernberg, 1992).

처음 보는 이성에 대한 로맨틱한 끌림을 포함하는 다음 시나리오는 **대상** 환상이 어떻게 작동하는지를 보여 주는 유용한 예시입니다. 어느 사교모임에서 한 남자가 사람들로 가득한 방 저쪽에 있는 어떤 매력적인 여자를 봅니다. 그는 멀리서 그 여자의 외모와 보디랭귀지를 지켜보면서 그녀에 대한 즉각적인 인상을 형성합니다. 즉, 그 여자를 영원한 행복 그리고(또는) 무한한 성적 만족이 가득

찬 인생을 그에게 열어 줄 수 있는, 현실과 동떨어진 여신과 같은 인물로 봅니다. 그래서 우리의 주인공은 그 여자에게 엄청난 힘과 그의 인생을 바꿔 줄 만한 자질을 부여합니다. 이러한 자질들은 명백히 환상적인 것입니다. 우리는 이 여자가 다른 사람들처럼 바람직한 면과 덜 바람직한 면을 함께 갖고 있으리라는 사실을 압니다. 그러나 우리의 주인공에게 이 여자는 마술적인 존재입니다. 그래서 그가 자신을 소개하려고 방을 가로질러 가면서 불안을 느끼다가 어딘가에 걸려 그 여자 앞에서 넘어지는 바람에 당혹해하는 것도 이해할 만합니다. 그 여자는 그가 낭패를 당하는 모습을 보고 깔깔대고 웃습니다. 그는 몹시 기분이 상해 상처받고 거절당했다고 느끼면서 최대한 빨리 자리를 뜹니다.

이 예시는 우리 주인공 마음속에 있는 **대상**의 부정확성과 함께 그가 그 여자에게 부여한 유혹적이고 거부적인 자질을 잘 보여 줍니다. 그가 느낀 불안은 그녀를 부정확하게 지각하는 데서 나온 것입니다. 부정확한 지각은 무의식적으로 언어적 소통과 비언어적 소통을 왜곡하여 특정한 상호작용의 과정 혹은 심지어 관계 전체에 영향을 줄 수 있습니다. 시간이 흐름에 따라 상대방의 진정한 속성이 드러나고, 그런 가운데 환상의 부정확성이 명백해질 수 있습니다. 따라서 어떤 사람이 어쩌면 수년 동안 누군가와 로맨틱한 관계를 유지하다가, 어느 날 갑자기 다음과 같은 깨달음을 얻게 되는 일이 어쩌면 놀랍지 않을 수 있습니다. '내가 케이티를 진정으로 알았다는 생각이 전혀 안 들어. 마치 지난 6년간 모르는 사람과 함께 살았던 것 같아.' 심리치료는 환자가 자신과 타인을 좀 더 현실적으로 볼 수 있게 돕습니다. 이렇게 함으로써 환자들이 타인에 대해 상상하는 모습이 아니라 실제 있는 그대로의 타인과 관계를 가질 수 있도록 그들을 자유롭게 해 줍니다.

이런 문제들은 애초에 어떻게 생겨날까요? **대상관계**이론의 근대 개척자 중 한 사람인 Otto Kernberg의 이론에 따르면, 아동은 정서적으로 강렬한 어릴 적 경험, 대체로 주 양육자가 포함된 경험에 대한 반응으로 자기 자신과 타인을 보는 관점에서 어떤 패턴을 형성합니다(Kernberg, 1992). 이러한 강렬한 경험에는 양육자가 아동의 욕구를 만족시켜 주거나 혹은 채워 주지 않은 것에 대한 반응으로 생긴 애정이나 증오의 느낌이 들어 있습니다. 이러한 강렬한 경험들은 일종의 감정적 · 경험적 각인(imprinting)을 통해서 아동이 관계의 원형을 만들어 내는 데 영향을 끼치는 것으로 여겨집니다(Kernberg, 1984). 이러한 극단적이고 감정이 연루된 '전부 다 좋은' 또는 '전부 다 나쁜' 경험들은 아동이 자기와 타인에 대한 개념을 발달시킬 때 과도하게 표상될 수 있습니다. 이 경험들은 평범한 일상이 아니라 극단적이고 유별난 상황들을 반영합니다. 이러한 상황들과 연합된, 자기와 타인에 대한 극단적이고 양극화된 시각이 이후의 대인관계로 넘어가게 되면, 결과적으로 왜곡된 지각이 생길 수 있습니다. 이에 따라 그 사람은 자신 그리고(또는) 타인을 전부 다 좋거나 또는 전부 다 나쁘게 보고 이에 상응하는 정서(강렬한 애정 혹은 증오)를 경험하는 경향성을 발달시킬 수 있습니다. 이때 경험되는 정서는 어린 시절의 형성적인 경험과 연관된 것입니다.

기술과 연구방법이 발전함에 따라 오랫동안 견지되어 온 정신역동 이론과 가정들을 점차적으로 입증하는 신경과학적 증거와 그 외 다른 증거가 늘어나고 있습니다. 생애 초기 자녀와 양육자의 상호작용이 성장하는 두뇌(Chugani et al., 2001; Graham et al., 1999; Schore, 2001)와 신경호르몬의 생리학(Ahnert et al., 2004; Anisman et al., 1998; Blunt Bugental et al., 2003; Hertsgaard et al., 1995; Gunnar et al., 1989; Ladd et al., 1996)에 중대한 영향을 준다는 것이 연구를 통해 확인되었습니다. 이러한 어린 시절 상호작용은 이후 삶의 정신병리와 상관이 있는 것으로 밝혀지고 있습니다(Beatson and Taryan, 2003; Graham et al., 1999; Raine et al., 2003; Sanchez et al., 2001). 어릴 적의 아동—양육자 경험은 아동의 타고난 다양한 기질과 결합하여 성격을 형성합니다(Cloninger et al., 1993). 기억체계에 대한 개념화의 진전(Squire, 1987; Westen, 1999; Westen and Gabbard, 2002a, 2002b)에 힘입어, 사회적 관계성(social relatedness)의 패턴, **방어기제**(defense mechanism)[1]의 무의식적 사용, 그리고 현재 경험과 과거 경험 간의 무의식적 연합에 연루된 무의식적 형태의 기억과 기억 인출을 설명할 수 있게 되었습니다(Gabbard, 2004, pp. 8-12). 심리치료는 두뇌의 기능(Etkin et al., 2005; Jung-Beeman et al., 2004), 신경화학(Viinamaki et al., 1998)과 신경망 연결(Gabbard and Westen, 2003)에 영향을 미치는 것으로 밝혀지고 있습니다. 정신역동치료가 삶의 질을 향상시킨다는 것은 오래전부터 알려진 사실입니다(Piper et al., 1990; Shefler et al., 1995; Siegal et al., 1977; Sloane et al., 1975). 하지만 이러한 새로운 물결의 연구(예: 기능 영상)는 심리치료도 내담자에게 측정과 관찰이 가능한 신경생리학적 영향을 끼

---

1) 방어기제: 불안을 야기하고, 수용할 수 없거나 혹은 그 외 다른 고통스러운 심적 경험으로부터 개인을 보호하는, 전형적으로 무의식적인 정신작용. 일반적인 방어기제의 정의는 이 책의 부록에 있는 용어풀이에서 찾아보십시오.

친다는 사실을 보여 주고 있습니다. 이와 같은 연구들로부터 정신병리의 발생학적 기제와 치료에 관하여 오랫동안 이어져 내려오고 있는 정신역동 개념들이 점차적으로 이론의 수준을 뛰어넘어 경험적 사실의 영역으로 이동하고 있습니다.

그렇다면 심리치료가 자기와 타인에 관한 왜곡된 지각과 이로 인해 일어나는 관계에서의 어려움을 다루는 데 어떻게 도움을 줄 수 있을까요? 환자가 자신과 타인을 좀 더 현실적으로, 말하자면 부정확한 내적 환상의 반영이 아니라 다면적이고 총체적인 사람으로 보게 하는 데 도움이 되는 새로운 관계 경험을 환자에게 제공할 때 이런 도움이 가능합니다. **대상관계**치료자로서 우리는 환자가 자기 자신 및 타인과 관계할 때 겪는 어려움을 파악하고 그에 대한 이해를 정교화하기 위해 지금—여기에서의 치료관계에 관한 우리 자신의 경험을 활용합니다. 흔히, 우리의 감정적 반응은 치료 관계에서 일어나고 있는 일에 대한 가장 중요한 정보를 제공합니다. 이에 따라, 이런 양식의 치료는 환자와 치료자 모두에게 감정이 연루된 경험이 될 수 있습니다. 여러분은 심리치료를 하는 동안 발생할 수 있는 모든 상황에서 치료자가 무슨 말을 해야 할지를 어떻게 결정하는지 궁금해할 것입니다. 다행스러운 점은 비슷한 주제들이 반복적으로 드러나는 경향이 있다는 사실입니다. 이 뒤로 이어지는 여러 장에서 나는 몇 가지 반복되는 주제를 논의하고, 아울러 여러분이 이 주제들을 다루는 데 도움이 될 수 있는 몇 가지 제안을 할 것입니다. 일단 우리가 환자와 우리 사이에 어떤 일이 일어나고 있는지를 이해한다면, 어떻게 진행할지를 놓고 몇 가지 선택지를 고려할 수 있습니다. 그런데 이 시점에서 알아야 할 가장 중요한 사

실은 이 양식의 심리치료에서는 치료관계 자체가 변화를 일으키는
기본 틀이라는 것입니다. 이 관계를 사용하여 환자에게 도움이 되
도록 개입하려면 우리는 환자와 우리 자신을 주의 깊게 관찰해야
합니다. 이를 위해서는 일어나고 있는 일에 대한 우리의 감정적 반
응을 사려깊게 감찰할 필요가 있습니다.

Chapter
02

큰 그림

배를 타고 여행을 떠나려 할 때 머릿속에 큰 그림을 갖고 있으면 자주 큰 도움이 됩니다. 그래서 나는 이 심리치료 '여행'이 어떤 모습일지 그리고 환자가 치료에서 진전(progress)을 보일 수 있는 영역이 어디인지에 대해 여러분에게 어떤 아이디어를 주려고 이 책의 첫머리에 이 장을 넣었습니다. 심리치료에서 흔히 다루게 되는 몇 가지 주제에 대해서는 이미 논의한 바 있습니다. 나는 심리치료가 특별히 선형적 과정, 다시 말해 완결을 위해 그다음 단계로 넘어가려면 반드시 그 전 단계를 거쳐야 하는 과정이라고 생각하지 않습니다. 내 경험에 의하면 심리치료는 여러 단계와 여러 주제 사이를 오르락내리락하는 경향이 있습니다. "몇 보 전진 일 보 후퇴"라는 금언이 꼭 맞아떨어지는 경우가 자주 있습니다. 그럼에도 불구하고 내 경험으로는 내가 만난 많은 환자의 경우, 앞서 언급한 일반적인 진전의 영역이 놀랄 정도로 비슷합니다. 이에 따라 나는 사람들과 그들이 겪는 관계에서의 어려움에는 다른 점보다는 비슷한 점이 더 많은 편이라고 믿게 되었습니다. 이런 사실에 나는 안도감을 느낍니다. 왜냐하면 이것은 인간관계를 일반적으로 이해할 수 있는 탄탄한 기반을 구축하는 것이 가능함을 시사하기 때문입니다. 일단 이런 기반이 만들어지면 환자 간의 개별적인 차이점을 인식하고 그에 맞추는 일은 훨씬 더 수월해집니다.

　장기적인 **정신역동치료**(즉, 24회기 이상)에서 환자가 기대할 수 있는 진전이 가능한 영역은 무엇일까요? 다음은 장기적인 정신역동치료에서 얻을 수 있는 잠재적 유익을 나열한 목록입니다.

- 관계의 질 개선하기
- 자기 · 정체성에 대한 규정되고 안정적인 감각 발달시키기
- 자신의 사고, 감정, 행동을 관찰하는 능력 기르기
- 타인의 정서적 경험을 정확하게 개념화하는 능력 기르기
- 자기 내면의 심리적 갈등과 이러한 개인내적 갈등이 불안을 비롯한 고통스러운 감정을 어떻게 유발할 수 있는지에 대한 자각 발달시키기
- 자신의 **방어기제**에 대한 자각 발달시키기
- 좀 더 건강한 **방어기제** 발달시키기
- 힘들 때 스스로를 진정시키는 능력 기르기
- 다른 사람들이 곁에 없더라도 그들에 대한 안정적이고 균형

잡혀 있으며 정확한 정신적 이미지 발달시키기
- 관계에서 적절한 경계를 만들고 유지하는 능력 기르기
- 자신의 초점을 부정성, 자기비난, 좌절에서 긍정성, 자기수용, 애정의 감정으로 옮기기
- 관계에서 갈구함(neediness)을 공격하거나 회피하기보다 그것을 수용하고 견뎌 내는 능력 기르기
- 방임적이거나 학대적인 양육으로 인해 입은 손상 처리하기/애도하기
- 관계에서의 불균형(예: 힘의 불균형)을 견디고 다루는 방법 배우기
- 상실과 관계의 종결 처리하고 견뎌 내기

이와 같은 심리치료의 유익 중 많은 것은 치료관계의 독특한 성질을 경험함으로써 얻을 수 있습니다(Horvath & Symonds, 1991). 다른 유익들은 구체적이고 반복된 치료적 개입을 통해 얻을 수 있습니다. 치료에서 진전이 나타날 수 있는 영역의 목록이 이렇게 긴 것을 보면 좀 벅차다는 느낌이 들 수도 있겠다는 생각이 듭니다. 심리치료에서는 많은 일이 일어나고 있다는 데 나도 동의합니다. 그러므로 변화가 일어날 수 있는 많은 차원을 알아차리는 일이 중요합니다. 하지만 여러분이 특정한 환자에 대한 이해[즉, 핵심 어려움에 대한 여러분의 사례공식화(case formulation)]에 근거하여 치료의 중심 초점을 발달시키는 일은 이에 못지않게 중요합니다.[1] 이것은 **대상관계**치료의 한 가지 주요 특징인 환자의 관계 양식 안에서 병리를 이해하고 다루는 것을 강조하는 것과 연결됩니다.

우리는 환자가 자신과 타인을 보는 독특한 시각에 내재된 어떤 반복된 왜곡 패턴(patterns of distortion)을 반드시 이해하려고 노력해야 합니다. 자신과 타인에 대한 부정확할 수 있는 정신적 이미지들은 각각 **자기표상**(self representations)과 **대상표상**(object representations)으로 알려져 있습니다. 환자에 대한 철저한 평가(assessment) 혹은 사정(査定)이 이러한 표상과 관련된 어떤 패턴에 관한 첫인상을 형성하는 데 도움이 됩니다. 물론, 이런 패턴에 대한 이해는 심리치료가 진행되면서, 그리고 주로 치료관계에서 일어나는 일을 주의 깊게 관찰함으로써 정교해집니다. 이에 따라 다른 관계에서 발생한 문제에 관한 환자의 왜곡된 시각과 설명에만 의존하는 것이 아니라, 그러한 문제가 치료관계에서 순간순간 발생할 때 치료자가 그것을 관찰하고 이해할 수 있게 됩니다. 따라서 **대상관계**치료는 치료관계의 지금-여기에 집중적으로 초점을 맞추는 경향이 있습니다.

환자가 자신과 타인을 '전부 다 좋게' 또는 '전부 다 나쁘게' 보는 경향은 환자의 **자기표상**과 **대상표상**에 심각한 왜곡이 있음을 나타냅니다. **대상관계** 치료의 특별한 강점 중 하나는 이런 환자들이 자신과 타인에 대해 좀 더 균형 잡힌 시각, 즉 좋은 면과 나쁜 면이 동시에 존재하고 있음을 표상하는 시각을 형성하도록 돕는 데 있습니다. 이것은 환자가 자신과 타인을 오로지 흑이나 백이 아니라 다양한 명암의 회색으로 보도록 돕는 일을 포함합니다. 그래서 양극화

---

1) 단기치료(즉, 24회기 이내)에서는 핵심 치료목표를 소수(아마도 한두 가지)로 정하고 이에 초점을 맞추는 것이 훨씬 더 중요합니다.

되고 심하게 왜곡된 **자기표상**과 **대상표상**[부분 대상관계(partial object relations)라고 알려진 경향]을 가진 환자들을 치료할 때 주된 목표 가운데 하나는 자신과 타인에 대한 통합된 시각(즉, 좋은 면과 나쁜 면이 어떤 동일한 개인에게 공존한다는 것을 지각하기)을 발달시킬 수 있도록 돕는 것이어야 합니다. 이런 유형의 통합된 시각을 채택할 수 있는 능력과 경향성은 **온전한 대상관계**(whole object relations)라고 합니다. 이것을 달성하려면 치료자는 환자의 병리적인 상호작용 양식을 식별하고 이에 말려들지 않도록 유의하면서, 양극화된 **자기표상**과 **대상표상**에 대한 환자의 알아차림과 통합을 증진하는 방식으로 반응하도록 노력해야 합니다. 이런 능력이 발달하고 상당한 기간 동안 유지된다면, 환자는 환상이 아니라 현실에 바탕을 둔, 좀 더 건강한 관계를 경험할 수 있을 것입니다.

Chapter
03

평가와
사례공식화

평가(assessment) 혹은 사정(查定)은 치료자가 환자의 관계 문제를 드러내고, 환자가 심리치료에 적합한지를 결정하며, 치료 과정을 이끄는 데 도움을 주는 작업입니다. 그렇다면 이러한 평가는 어떻게 수행할까요? 나는 그 핵심은 환자와 그 환자의 특정한 어려움에 대한 여러분의 이해, 즉 사례공식화(case formulation)를 촉진하는 평가 면담(assessment interview)을 시행하는 것이라고 생각합니다. 이러한 이해는 DSM-IV-TR(American Psychiatric Association, 2000, 역자 주: 미국정신의학협회가 주관하여 출판하는 정신장애 진단 및 통계 편람으로 2013년 이후에는 DSM-5가 사용되고 있음)에 따른 정확한 진단에 근거할 수도 있지만, 실제로 이보다 더 깊이가 있고

포괄적이어야 합니다. 이상적으로, 정신역동 치료자는 환자의 문
제에 영향을 끼칠 수 있는 잠재적인 생물학적, 심리학적, 사회적,
문화적, 그리고 영적 요인들을 이해하려고 애써야 합니다. 덧붙
여, 평가를 통해 **정신역동치료**에 대한 긍정적 반응을 예측하는 것으
로 알려진 바람직한 특성들 중 일부를 환자가 갖고 있는지를 파악
해야 합니다. 마지막으로, **대상관계**치료의 진행 과정을 구체적으
로 구상할 때 특히 중요한 것은 **자기표상**과 **대상표상**에 대해 환자가
어떤 경향성을 갖고 있는지를 밝히고, **부분 대상관계**와 **온전한 대상
관계**(앞 장에서 규정한 개념들) 중 어느 것을 사용하는지를 파악하는
것입니다.

 이 모든 것을 수행하는 방법 중에는 정신과적 면담을 진행하는
탄탄한 접근이 있습니다. 정신과적 면담은 큰 주제라서 이에 관한
상세한 내용은 이 책의 범위를 넘어섭니다.[1] 그래서 나는 여러분
이 기본적인 정신과적 면담과 그것의 다양한 구성요소에 이미 친
숙하다고 가정할 것입니다. 그렇지만 면담하기와 (약간 수정을 가
한) 치료 회기 진행하기 둘 다를 위하여 여러분에게 도움이 될 것으
로 내가 믿고 있고 또 기억하기 쉬운, 평가 과정의 5단계 접근법을
제안하고 싶습니다.

 면담에서 처음 몇 분 동안에는 환자가 호소하는 내용을 경청하
는 것이 대체로 바람직합니다. 이때 예컨대 조기에 폐쇄적 질문을
남용하는 등의 행동을 함으로써 섣불리 논의의 초점을 잡으려고

---

1) Shawn Shea가 지은 『정신과적 면담: 이해의 기술(Psychiatric Interviewing: The Art
of Understanding)』에 임상적 치료에서 중요한 이 측면에 대한 상세한 개관이 있으니
참조하시기 바랍니다.

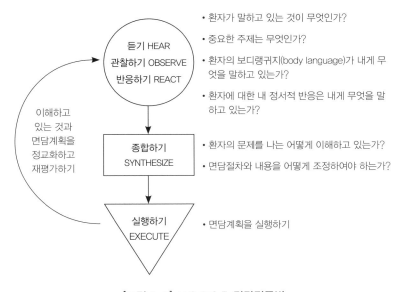

[그림 3-1] H.O.R.S.E. 면담접근법

하지 말아야 합니다. 이 첫 몇 분은 핵심주제가 무엇인지에 대한 감을 잡으려고 애쓰는 탐색기간으로 생각할 수 있습니다. 나는 면담기법을 가르칠 때 때로는 '첫 5분 동안 다섯 가지'를 달성하도록 노력하라고 제안합니다. [그림 3-1]은 이 면담 접근법을 도식화한 것입니다.

다섯 개 핵심단계의 두문자를 모으면 H.O.R.S.E.가 된다는 사실을 주목해 보십시오. 이 5단계는 면담 상황을 위한 지침을 제공할수 있고 (만약 여러분이 그림에 있는 '면담'을 '심리치료'라고 대체한다면) 심리치료를 실행하는 것과도 관련됩니다. 그러므로 만약 여러분이 힘든 면담이나 치료 회기 동안 분투하고 있다면, 난관을 돌파하는 데 믿음직한 H.O.R.S.E.에 의지할 수 있을 것입니다.

이 접근법의 첫 두 부분['듣기(hear)'와 '관찰하기(observe)']은 언뜻 보기에는 설명할 필요 없이 아주 자명한 것 같습니다. 그러나 제8장(의미의 네 가지 수준)에서 살펴보겠지만, 여러분은 환자가 전달하고자 하는 모든 것을 많은 다양한 수준에 따라 이해할 수 있습니다. 심지어 보디랭귀지를 통해 전달되는 것을 해독하는 일은 그 자체가 예술이며 과학입니다.[2] 보디랭귀지를 주의 깊게 관찰함으로써 환자와 환자의 문제에 대해 얼마나 많은 것을 추정할 수 있는지를 알면 여러분은 놀랄지도 모릅니다. 면담하는 동안에 보디랭귀지(예: 얼굴 표정, 몸짓, 자세, 다리, 발, 그리고 팔의 위치)의 표현이 어떤 맥락에서 달라지는지를 관찰하고 숙고하면 숨겨진 것을 드러내는 데 특히 유용한 소재를 얻을 수 있습니다.

H.O.R.S.E. 접근법의 '반응하기(react)' 부분에서는, 환자의 행동, 말의 내용과 말하는 방식 및 전반적인 태도(demeanor)에 대해 여러분이 어떤 감정적 반응을 보이는지 주의 깊게 관심을 두어야 합니다. 이러한 반응은 **역전이**(countertransference)[3]로 알려져 있는데, 환자와 환자의 대인관계에 관한 풍부한 정보를 드러내 줄 수 있습니다. 평가 면담을 진행하는 동안 그리고 모든 치료 시간 내내 반드시 이런 반응에 세심한 주의를 기울여야 합니다. 이때 스스로에게 다음과 같은 질문을 던져 보세요. 나는 지금 무엇을 느끼고 있는가? 슬픔을 느끼고 있는가? 불안한가? 짜증스러운가? 혼란스러운

---

2) Barbara Pease와 Allan Pease의 저서 『당신은 이미 읽혔다(The Definitive Book of Body Language)』(흐름출판)와 Paul Ekman이 지은 『(구체적으로 얼굴 표정을 설명한) 얼굴의 심리학(Emotion Revealed)』(바다출판사)를 권합니다.
3) 역전이: 환자에 대해 치료자가 느끼는 전체적인 감정적 반응

가? 재미있는가? 혹은 이런 느낌이 뒤섞여 있는가? 이것이 환자에 관해 내게 무엇을 말해 주고 있는가? 연습을 하다 보면 이것은 여러분에게 제2의 천성이 되어 여러분은 모든 정보를 평가 면담과 치료 회기에 적용하는 데 더 능숙해질 것입니다. 또한 이렇게 하는 것이 여러분이 더 빠르고 더 깊이 있게 환자를 이해하고 대하는 데 도움이 될 것입니다.

'종합하기(synthesize)' 단계에는 두 가지 구성요소, 즉 환자의 어려움에 대해 이해한 것을 종합하기와 이에 맞는 면담계획을 종합하기가 있음을 여러분은 알아차렸을 것입니다. 면담계획은 면담절차와 면담내용으로 나눌 수 있습니다. 면담과정에서는 관계와 관련된 주제(예: 치료동맹, 협력적 라포의 발달, 공감 표현, 안심시키기, 희망 고취)와 면담기법에 관한 주제(예: 개방형 질문과 폐쇄형 질문 혼용, 면담 구성·우선순위 매기기, 요약의 사용, 면담의 여러 영역 간 이동하기) 두 가지를 모두 숙고하는 것이 도움이 됩니다. 반면에 면담내용은 면담 영역 각각에서 여러분이 무엇에 대해 물어볼 것인가와 관련됩니다. 이러한 과정과 내용 주제들의 적용에 관해 여러분이 어떤 것을 선택할 때, 면담이 진행되면서 환자에 대한 증진된 이해가 그 선택을 이끌고 정교화하는 데 도움이 되도록 하는 것이 바람직합니다.

환자와 환자가 겪는 어려움에 대한 이해 혹은 개념화를 종합하려면 여러분이 (1) 들은 것, (2) 관찰한 것, 그리고 (3) 이때까지 일어난 일에 대한 여러분의 감정적 반응을 통해 전달되는 모든 정보를 한데 모아야 합니다. 이 3개 통로의 증거가 모두 한 곳으로 수렴된다면 종합하기는 좀 더 단순한 과제일 것입니다. 예를 들면, 어떤 환자

가 우울증상을 말하고 있고, 낙담한 모습을 보이며, 우울증의 신경
생리학적 징후를 나타내고 있고, 환자가 하는 말을 듣고 행동거지를
관찰할 때 여러분이 슬픔을 느낀다면 이런 경우에 속합니다. 그런데
이 세 개 통로의 증거가 수렴되지 않고 흩어진다면 상황은 복잡해집
니다. 이런 예로, 환자가 불안증상에 대해 말하고 있지만, 침착하고
명랑해 보이고, 이 환자와 상호작용하는 동안 여러분이 혼란스럽고
짜증나는 감정을 느끼는 상황을 상상해 볼 수 있습니다. 이 두 번째
경우에 확산적인 통로의 증거를 설명하려면 좀 더 넓은 범위의 진단
과 사례공식화 가능성을 고려하고 탐색해야 할 것입니다.

여기에 더하여 잠재적인 생물학적, 심리학적, 사회적, 문화적, 그
리고 영성적 요인과 관련된 환자의 어려움에 대해 여러분이 이해
한 바를 종합하는 것이 중요합니다. 이러한 요인들을 이해하고 이
요인들이 정신건강상의 어려움과 어떻게 관련되어 있는지를 이해
하는 것은 또 하나의 매우 광범위한 주제라서 여기서는 다루지 않
겠습니다.[4] 다만, 사례공식화의 이러한 측면들은 환자에게 적합한
치료법을 선택하는 데 중요할 뿐만 아니라, 환자 문제의 일차적 원
인 혹은 문제에 기여하는 잠재적 원인으로 작용할 수 있는 환자 상
황의 중요한 측면을 간과하는 것을 피하는 데 있어서도 중요하다
는 점만 말해 두고자 합니다. 이러한 이유 때문에 (보통 환자의 주치
의가 수행하는) 병력검사와 신체검사 및 적절한 다른 검사들도 평가
과정에서 핵심적인 부분입니다.

---

4) 이 주제에 관해 더 읽으려면 Nancy McWilliams의 『정신역동적 사례이해
(Psychoanalytic Case Formulation)』(학지사)와 Glen Gabbard의 『역동정신의학
(Psychodynamic Psychiatry in Clinical Practice)』(하나의학사)을 참조하십시오.

지금 우리는 **정신역동치료**를 하나의 치료법으로 제안하는 관점
에서 평가에 대해 이야기하고 있으므로, 좋은 치료성과와 상관있
는 것으로 알려진 특성들을 환자가 어느 정도 갖고 있는지를 탐색
하는 것도 중요합니다. 이러한 특성으로는 자기성찰(self-reflection)
능력, 추상적 사고능력, 자기이해·내성(introspection)에 관한 관
심, 좌절을 견뎌 내는 능력이 있습니다(Gabbard, 2004, p. 32). 마지
막으로, 우리는 주로 **대상관계** 관점에서 심리치료를 수행하는 접
근에 대해 설명하고 있기 때문에, 환자의 대인관계 이력(history of
relationships)에 대해 물어보는 것이 특히 중요합니다. 즉, 이 환자
가 관계를 시작하거나 끝내는 방식에 어떤 일정한 패턴이 있는가?
성인으로서 환자가 사람들과 맺고 있는 관계가 어린 시절 양육자
와 가졌던 관계의 여러 측면들을 재연하는 것처럼 보이는가? 혹은
어린 시절 경험과 정반대의 관계를 형성하려고 무모할 정도로 애
쓰고 있는가? 덧붙여, 환자가 자신을 어떻게 보는지, 타인들을 어
떻게 보는지, 그리고 타인들이 자신을 어떻게 본다고 믿고 있는지
를 물어보는 것이 유용합니다. 이러한 계열의 질문들은 환자의 **자
기표상**과 **대상표상**을 밝히는 데 도움을 줄 수 있고, 환자가 주로 **부분
대상관계**를 사용하는지 혹은 주로 **온전한 대상관계**를 사용하는지를
드러내 줄 수 있습니다.[5] 이 마지막 주제는 **대상관계**치료 과정을 위

---

5) 부분 대상관계 대 온전한 대상관계는 경계선 성격조직(borderline personality
organization)과 신경증적 성격조직(neurotic personality organization)의 구분과 연관
된 개념입니다. 이 구성개념들에 대해서 더 찾아보려면 Glen Gabbard의 『장기 역동
정신치료의 이해(Long-Term Psychodynamic Psychotherapy: A Basic Text)』(p. 31,
학지사)를 참조하십시오.

해 치료계획을 세울 때 특히 중요합니다.

바로 앞 장에서 언급한 바와 같이, **부분 대상관계**를 사용하는 사람들은 자기 자신과 타인이 '전부 다 좋은'과 '전부 다 나쁜'의 양극단을 오간다고 보는 경향이 있습니다. 따라서 **부분 대상관계**를 사용하는 사람들을 위한 일차적 치료목표는 이들이 좀 더 균형 잡히고 통합된 시각으로 자신과 타인을 보는 능력을 기르도록 돕는 것입니다. 이차적 치료목표에는 자기성찰 능력을 증진시키고 충동성을 낮추며 판단력을 높이고 현실검증력을 향상시키는 것(Gabbard, 2004), 그리고 환자가 치료자를 포함하여 타인들에 대해 그 사람이 눈앞에 없더라도 안정적이고 균형 잡힌 정확한 정신적 표상을 유지할 수 있는 능력[**대상항상성**(object constancy), Heinz Hartmann이 1952년에 처음 만든 용어]을 기르는 것이 포함됩니다.

이와는 대조적으로 **온전한 대상관계**를 사용하는 사람들은 이미 자신과 타인을 균형 잡히고 통합된 방식으로 보는 편입니다. 그럼에도 불구하고 이런 사람들도 여전히 고통과 관계의 어려움을 일으킬 수 있는 내적 갈등을 겪을 수 있습니다. 이러한 개인내적 갈등으로 인해 불안이 다양한 방식으로 나타나기도 합니다. 불안이 나타나는 양상은 각 개인이 사용하는 **방어기제**, 즉 의식적인, 무의식적인, 유용하고 건강한(흔히 '성숙한' 방어기제로 분류됨) 혹은 건강하지 않고 문제가 많은(흔히 '미성숙한' 방어기제로 분류됨) 방어기제의 영향을 받습니다.[6] 온전한 대상관계를 사용하는 환자를 위한 일차

6) 방어기제의 3번째 범주('신경증적' 방어기제로 알려진)는 미성숙한 방어기제와 성숙한 방어기제 사이에 있는 "성숙함의 중간 지대"에 위치합니다. 이 방어기제들은 보통 신경증적 성격조직을 가진 사람들이 사용합니다.

적 치료목표에는 주로 환자가 자신의 개인내적 갈등이 치료관계에서 재연될 때 이를 탐색하고 의식적으로 이해하도록 돕는 것이 포함됩니다. 시간을 두고 이러한 탐색 과정을 반복하다 보면, 이런 갈등은 환자에게 불안을 덜 유발하고 덜 문제거리가 됩니다. 추가적인 치료목표는 환자의 불안관리 능력을 높여 주고 주로 건강한 **방어기제**를 사용하는 방향으로 나아가도록 돕는 것입니다.

환자 선택:
수잔 사례

이 장에서 나는 수잔이라는 가공의 환자에 대한 평가를 기술할 것입니다. 이 책 전반에 걸쳐 자주 이 가공의 환자를 거론할 것입니다. 이 환자에 대한 사례공식화와 이에 맞는 치료계획도 살펴볼 것입니다. 덧붙여서, **대상관계**치료를 처음으로 수행하는 경험을 얻으려고 시도할 때 이에 적합한 환자 선발을 위한 몇 가지 추가적인 제안을 하고 이에 대해 논의할 것입니다. 다음은 수잔에 대한 평가 내용입니다.

평가 면담이 있는 날, 수잔은 약속시간보다 10분 정도 일찍 나타납니다. 수잔은 가정의(family doctor)가 심리진단과 그녀의 심리치료 요청에 관한 평가를 위해 의뢰한 환자입니다. 면담자는 서로에 대한 소개를 한 후에 수잔에게 의뢰된 이유를 어떻게 이해하고 있는지를 물어보고, 이어서 그녀 자신이 치료에서 다루기를 바라는 문제가 무엇인지를 묻습니다(흔히 이 둘은 서로 다릅니다). 그런 다음 면담자는 수잔이 자신의 관심사를 몇 분 동안 자유롭게 말할 수 있는 기회를 줍니다. 면담자는 주의 깊게 들으면서, 수잔의 표정과 보디랭귀지 및 태도를 관찰하고, 면담자 안에서 수잔에 대한 어떤 특별한 정서적 반응이 일어나는지 지켜봅니다. 이 첫 몇 분 동안 면담자는 거의 질문을 하지 않고, 그 대신 수잔이 자신의 주된 관심사를 계속 말하도록 권장합니다. 이때는 다음과 같은 말을 사용하면 됩니다. "계속 말씀하세요." "그다음에는 어떤 일이 일어났나요?" 그리고 "좀 더 말씀해 주실 수 있습니까?"

수잔은 25세의 미혼 여성으로 아파트에 혼자 살고 있다고 합니다. 법률회사에서 6개월째 사무원으로 일하고 있습니다. 그녀가 호소하는 문제의 주된 주제는 다음과 같습니다. 수잔은 만성적으로 불행하다고 느끼고 자기 삶에 만족하지 않는다는 것입니다. 그녀는 자존감과 자기비판 및 염세주의 성향으로 인해 만성적인 어려움을 겪어 왔다고 합니다. 직장에서의 상호작용과 친구관계 및 연애관계에서 발생하는 일상의 상황적 스트레스에 대한 반응으로 늘 쉽게 짜증이나 불안을 느껴 왔습니다. 요즈음은 직장 상사 때문에 좌절하고 있는데, 수잔은 그를 "노예감독밖에 안 되는 사람(nothing but a slave-driver)"으로 묘사합니다. 수잔은 또한 새로운 연애관계에 대해서도 불만을 표시하면서, 새 남자친구인 제프를 "거리를 두는(distant)" 사람으로 묘사합니다. 이전의 남자친구들에 대해서는, 짜증날 정도로 거리를 두거나 혹은 지나치게 통제적이었다고 말합니다. 수잔은 또한 그녀 자신에게 "어떤 식으로든 관계를 방해하는" 경향이 있고, 이 때문에 사람들이 그녀를 잘못 대하게 만드는 것은 아닌지 궁금해합니다. 수잔은 다른 사람들이 자기에 대해 하는 말에 무척 민감한 경향이 있다고 합니다. 항우울제를 복용해 보라는 가정의의 권유에 동의하고 약물복용을 한 지난 2년간 불안이 경미하게 줄어든 것을 알아차렸다고 합니다. 수잔은 스트레스에 더 잘 대처하고 자신을 더 잘 이해하며 대인관계 어려움을 해결하기 위해 개인 심리치료에 높은 관심을 보입니다.

이것들이 첫 몇 분 동안의 자유로운 발언에서 수잔이 언급한 내용의 핵심입니다. 그런데 그녀는 이러한 주제들을 두서없고 복잡하게 제시합니다. 그녀는 자주 이 화제에서 저 화제로 건너뛰고 맥락을 알려 주는 세부내용은 거의 언급하지 않습니다. 면담자가 이끌어주지 않는 상황에 대해 수잔은 점점 불안정하고 약간 짜증나는 듯 보입니다.

수잔은 옷을 잘 차려 입고 보기 좋게 치장을 했습니다. 면담자는 겉으로 드러나는 우울의 신경생리학적 징후(정신운동의 속도 저하·무기력, 조용하거나 느려진 말투, 구부정한 자세, 내리깔린 시선, 혹은 집중곤란 등)가 없다는 점에 주목합니다. 수잔은 다리를 꼬고 앉아서 자주 손을 사용해서 메시지를 전달하는 경우가 많았습니다(대부분 손바닥이 천장으로 향하게 했는데, 면담자는 이것을 수잔이 마음을 열고 솔직하려고 애쓰는 표시로 알아차립니다). 수잔은 말하는 내용이 무엇인가에 따라 정서가 침착하고 유쾌하다가도 일시적으로 불쾌하고 짜증나는 기분으로 변동하는 듯 보입니다. 그녀는 전반적으로 슬프거나 불안해 보이지는 않습니다.

면담 도중 두어 차례 면담자는 약간 짜증나는 느낌을 알아차립니다. 이것은 아마 수잔이 자신의 어려움을 복잡하고 두서없이 기술하는 경향에 대한 반응인 것 같습니다. 5분쯤 지난 후 면담자는 수잔이 기술한 핵심주제들을 요약합니다. 수잔은 이 간략한 요약을 듣기에 앞서 팔짱을 낍니다. 면담자는 수잔이 폐쇄적인 자세로 전환하는 것을 마음속으로 주목합니다. 그런 다음 언급한 여러 가지 어려움에 대해 수잔이 좌절감을 느끼고 있는 것은 아닌지 묻습니다. 수잔은 이에 동의하고 팔짱을 풀고 앉은 자리에서 상체를 아주 약간 앞으로 기울입니다. 면담자는 "수잔, 이야기해 준 여러 어려움에 대해 지금 몇 가지 구체적인 질문을 하고 싶습니다."라고 말합니다. 면담자는 좀 더 구체적인 질문을 포함하는 좀 더 지시적인 면담 접근으로 전환하면 수잔의 짜증을 누그러뜨리고 좀 더 명확한 반응을 이끌어 내는 데 도움이 될 것으로 기대합니다.

수잔의 기분과 불안증상을 명확히 알아보기 위해 면담자는 몇 가지 질문을 합니다. 그런데 이런 질문하기가 면담자에게 혼란감을 일으킵니다(면담자가 앞서 주목한 짜증에 더하여). 왜냐하면 좀 더 초점이 정해진 이 질문들에 대해 수잔이 계속 막연하고 뒤죽박죽된 방식으로 답하기 때문입니다. 그렇지만 정신증적 과정을 시사할 만한 형식적 사고장애의 증거는 없습니다. 그녀는 몇 가지 불안증상뿐만 아니라 우울증상을 인정합니다. 그런데 이 증상들은 어떤 특정한 불안장애나 우울장애로 진단 내릴 수 있는 임계치를 명확히 충족시킬 수준은 아닙니다. 그녀의 불안과 우울증상은 일시적으로 나타난다고 보고되었고, 주로 대인관계의 긴장된 맥락에서 일어나는 경향이 있습니다. 면담자는 이용 가능한 정보들을 한데

엮어서 수잔과 그녀의 어려움에 관한 일관성 있는 초기 이해로 구성할 방법을 생각해 봅니다.

수잔의 보고는 슬픔이 지배적이거나 혹은 불안이 지배적이지 않습니다. 그녀가 일으키는 정서적 반응은 슬픔이나 불안이 아니라 혼란과 짜증인 것 같습니다. 수잔이 인정하는 증상, 태도, 그리고 그녀가 촉발하고 있는 것으로 보이는 정서적 반응, 즉 세 가지 통로에서 나오는 증거가 수렴되지 않고 갈라진다는 것이, 사실 어떤 특정한 기분장애나 불안장애와는 관련이 없는(혹은 기껏해야 지엽적으로만 관련된) 대인관계 어려움을 시사하는 것이 아닌지 면담자는 궁금해합니다.

면담자는 핵심을 벗어난 수잔의 반응에 대해 정중하게 다시 초점을 잡으려고 시도합니다. 이럴 때마다 수잔은 팔짱을 끼고 앉은 자리에서 의자에 등을 기대는 경향을 보입니다. 이런 상황 중 한번은 면담자가 다음과 같이 말합니다. "수잔, 내가 오늘 까다로운 질문들을 많이 하고 있는 것 같네요. 지금 어떠신지 궁금합니다." 수잔은 이렇게 답합니다. "선생님이 계속 제 말을 가로막아서 조금 짜증이 났어요. 그렇지만 선생님은 그저 해야 할 일을 하고 계신 거겠죠." 면담자는 이 말을 **정신화**(mentalization) 능력의 증거가 아닌가 하고 생각합니다. 다른 말로 하면, 수잔은 자신의 정신적·감정적 상태를 성찰할 수 있는 능력과 동시에 '다른 사람의 입장에서 생각하는' 능력을 어느 정도 갖고 있을 수 있다는 것입니다.

면담자는 현재와 과거의 안전에 관한 주제에 대해 스크리닝을 합니다. 수잔에 따르면 예전에 아주 심적으로 힘들었을 때(예: 상사와의 긴장에 대한 반응으로 혹은 애정관계에서 어려움이 발생한 맥락에서) 드물게 "살 만한 가치가 없다."라는 막연한 자살사고를 경험한 적이 있지만, 이것이 자살의도나 자살계획으로 진전된 적은 한 번도 없었다고 합니다. 현재 혹은 최근에 자살사고나 자해행동과 연관된 어려움도 없다고 보고합니다. 10대 후반에 한 번 관계가 깨지고 난 후에 충동적으로 팔을 얕게 그은 적은 있었다고 합니다. 면담자는 또한 알코올과 향정신성 약물 남용, 섭식장애 증상, 그리고 정신증적 증상에 대한 스크리닝도 실시하는데, 모두 음성으로 판명됩니다. 그런 다음 면담자는 과거사로 넘어가기 전에, 호소하는 질병의 이력에서 나타난 핵심내용 몇 가지를 요약합니다. 수잔은 정신건강 기관을 접촉하거나 치료를 받은 이력이 전혀 없다고 합니다. 그녀는 신체적으로 건강하고 가정의가 처방해 준 항우울제만 복용하고 있습니다. 가족 중 정신질환 진단을 받았거나 자살기도나 자살한 사람도 없다고 합니다. 이어서 면담자는 수잔의 개인사와 발달사를 점검하는데, 여기에는 아동기에 대한 기억, 발달과정에서 획기적인 사건들, 부모 각각과의 관계, 학교생활 경험, 근무이력, 그리고 친구관계와 연애관계 이력이 포함됩니다.

수잔은 평생 동안 온전하지만 긴장된 어머니와의 관계를 기술합니다. 그녀는 어머니가 "늘 비판적이고 통제적이었다."라고 하면서, "격분한 상태로" 그녀에게나 아버지에게 소리를 지를 때도 자주 있었다고 덧붙입니다. 어머니의 긍정적인 특성을 말해 달라는 요청에 수잔은 단 한 가지도 찾아내거나 진술하지 못합니다. 수잔은 어머니와의 관계가 정서적으로 학대적인 관계가 아니었나 하는 의구심을 갖고 있다는 말까지 합니다. 이어서 면담자가 아버지와의 관계에 대해 묻자, 수잔은 아동기와 10대 시절에 "아버지는 없는 것과 마찬가지였다."라고 답합니다. 수잔이 기술한 바와 같이 부모와의 관계가 그렇게 어려웠다면 그런 가정에서 자란 것이 그녀에게는 큰 난관이었음에 틀림없다고 면담자는 반영해 줍니다. 이 시점에서 면담자는 지금 여기서 그와 함께하고 있는 수잔의 경험과 어머니와의 관계 경험 간의 유사한 측면을 확인하는 **해석**(interpretation)에 대해 수잔이 어떻게 반응할지 알아보기로 결정합니다. "조금 전에 제가 몇 번 말을 가로막아서 짜증나는 느낌이 들었다고 하셨죠. 오늘 당신은 제가 다소 당신을 통제하려고 애쓰는 것으로 경험한 게 아닌지 궁금합니다. 아마도 당신이 자랄 때 어머니가 그랬다고 말했던 것처럼 말이죠." 수잔은 이 말에 대해 잠시 생각을 하고 나서 자신을 통제하려는 사람들에게 언제나 예민했는데, 특히 직장과 연애관계에서 그랬다고 합니다.

수잔은 집안의 긴장에서 벗어나려고 열아홉 살 때 집을 나왔다고 합니다. 그녀는 신체적 혹은 성적 학대의 이력은 부인합니다. 그녀는 공부를 잘했고 꽤나 긴장된 가족생활의 도피처로 학교생활을 즐겼다고 합니다. 고등학교를 졸업한 뒤 사무원으로 일을 시작했습니다. 그녀는 대부분의 직장에서 6개월에서 12개월밖에 근무하지 않았는데, 동료들이나 상사에게 좌절감을 느끼면 직장에 통보하고 다른 일자리를 알아보았다고 합니다. 하지만 충동적으로 어느 날 갑자기 일을 중단하거나 그만둔 적은 한 번도 없었습니다. 또한 해고를 당한 적도 없었습니다. 그녀는 상사가 자신을 싫어하고 비판적이라는 느낌 때문에 마지막 직장을 그만두었습니다.

수잔은 친구관계와 연애관계를 유지하는 데에서 겪은 어려움에 대해 말하면서, 사람들이 그녀를 실망시키거나 배신한다면 때로는 그녀의 삶에서 "그들을 잘라낼 것"이라고 합니다. 그녀 자신의 개인적 특성 가운데 어떤 면을 좋아하느냐고 묻자 그녀는 도움이 필요한 친구를 "전력을 다해" 돕는 것이라 합니다. 그리고 그녀가 도움이 필요할 때 친구들이 똑같은 정도로 해 주지 않으면 실망감을 느낀다고 덧붙입니다. 그녀 자신의 개인적 특성 가운데 어떤 면을 덜 매력적이라고 느끼느냐는 질문에는 "너무 예민한 것"이라고 합니다. 그녀가 다른 사람들을 어떻게 보는가에 관해서는, "사람들을 진심으로 믿기가 어려운" 것 같다고 합니다. 다른 사람들이 그녀를 어떻게 본다고 믿느냐는 질문에 확신하지는 못하지만 다른 사람들은 아마 그녀를 "정말 남을 배려하지만 어쩌면 너무 예민한" 사람으로 생각할 것이라고 말합니다.

면담이 끝나 가면서, 면담자는 수잔이 기술한 몇 가지 핵심주제들을 간단히 요약하고 솔직하게 말해 준 데 대해 고맙다고 말합니다. 이어서 어린 시절 가족생활에서의 어려움과 사적인 관계와 직장에서의 관계에서 어려움이 있었음에도 불구하고 수잔이 보여 준 회복력에 대해 언급하면서 희망적인 말로 면담을 마무리합니다. 그런 다음 두 사람은 개인 심리치료의 가능성을 포함하여 치료와 연관된 몇 가지 주제를 논의하기 위해 다시 만날 수 있도록 서로 동의할 수 있는 시간에 대해 의논합니다.

수잔의 개인사와 호소문제는 DSM-IV-TR(American Psychiatric Association, 2000)에 의거하면 달리 분류되지 않는 우울장애의 진단과 대부분 일치하고, 재발성 단기 우울장애 혹은 기분부전장애일 가능성도 있습니다. 그녀의 우울증상은 사실 성격적 어려움이 기분에 미친 영향을 나타낸 것일 수도 있습니다. 수잔의 개인사와 호소문제는 성격장애 자체를 시사하는 것으로 보이지는 않습니다. 그녀는 전반적이기보다 간혹 나타나는 정서조절 부전, 분노통제 부전, 그리고 대인관계에 기반한 불안과 관련된 어려움을 보고합니다. 수잔은 어려운 대인관계 주제와 직면하지 않는 한, 아주 잘 기능하는 것으로 보이는데, 이러한 주제로 인해 그녀는 짜증과 고통, 불안을 경험하게 됩니다. 이런 어려움은 스트레스와 연관되어 일시적으로 좀 더 원시적인 상호작용 양식으로 퇴행한 상태를 나타내는 것 같습니다. 이럴 때 수잔은 다음과 같은 패턴의 **자기표상**과 **대상표상**을 경험하는 것 같습니다. 그녀는 자신을 희생당하고 원망하는 아이로, 그리고 다른 사람들(흔히 애착인물 혹은 권위인물)을 앙심을 품고 있고 통제하는 사람들(어머니에 대해 수잔이 묘사한 바와 아주 흡사한)로 봅니다. 또 다른 때는, 그녀 자신을 갈망하면서 원망하는 아이로 보고, 애착인물들을 수동적이고 거리를 두는 사람(수잔이 아버지를 보는 시각과 매우 흡사한)으로 봅니다. 이 두 경우 모두 수잔의 **자기표상**과 **대상표상**은 분노정서에 의해 서로 연결되어 있는 것으로 보입니다.[1] 수잔이 가진 문제가 많은 관계 패턴은 어렸을 적 양육자와의 관계에서 연유된 듯합니다. 이러한 초기 관계의 측면들이 이후 연애관계와 직장관계에서 재연되고 있는 것 같습니다.

수잔은 자기성찰 · **정신화**(mentalization) 능력을 어느 정도 갖고 있는 것으로 보입니다. 그녀는 또한 자기이해에 대한 관심이 많다

---

1) 자기표상과 대상표상 및 이 표상들과 연관된 정서적 경험이 대상관계 단위(object relations unit)를 이룹니다(Kernberg, 1976, 1984).

고 하고, 어려움을 겪고 있음에도 불구하고 직장생활을 유지해 왔습니다. 향정신성 약물 사용이나 심각한 의학적 문제 등이 있는 경우에는 치료 회기에 정기적으로 참여할 수 없는데, 수잔은 사태를 복잡하게 만드는 이러한 공병성을 나타내지 않습니다. 수잔은 **부분 대상관계**를 사용하는 경향이 있으므로(특히 애착관계의 맥락에서 심적으로 힘들 때), 일차적 치료목표 중 하나는 그녀가 좀 더 정확하고 통합적인 **자기표상**과 **대상표상**을 형성하도록 돕는 것입니다. 이차적 치료목표에는 자기성찰 · **정신화** 능력을 더욱 기르는 것과 특히 애착관계의 맥락에서 강렬한 감정을 관리하는 능력을 향상시키는 것이 포함될 수 있습니다.

　어떤 유형의 심리치료든 간에 적합한 환자를 선택하는 일은 매우 중요한 첫 단계입니다. **정신역동치료**에서 유능성을 기르려고 애쓰는 초심 치료자에게 맞는 환자를 선택할 때에는 더 중요합니다. 처음 심리치료를 할 때에는 경미한 수준의 대인관계 병리를 겪고 있는 환자부터 만나라고 권하고 싶습니다. 이 시기에는 심각한 자해나 자살기도처럼 더 복잡하고 고통을 주는 주제를 관리해야 하지 않더라도 배워야 할 것이 충분합니다. 첫 번째 환자로 적합할 사람은 20대 중반이나 후반(성격적 특질이 여전히 매우 유동적일 것으로 기대할 수 있는 나이)이면서 꽤 안정적인 소수의 관계를 유지해 온 여성[2]일 수 있습니다. 이런 환자는 아주 예전에 한두 번쯤 가벼운 수준의 자해(예: 살짝 긋기)를 했을 수도 있지만 입원할 정도는 전혀 아니었던 사람입니다. 삶을 끝내려는 심각한 시도를 한 적이

---

2) 알림: 나는 여전히 오로지 글쓰기의 편의성 때문에 환자를 여성으로 기술합니다.

한 번도 없고 현재 진행 중인 자살사고도 없습니다. 따라서 심리치료를 시작하기 전에 대체로 '안전하고 침착한' 상태입니다. 이런 환자는 수년 동안 한 직장에서 일해 왔을 수도 있습니다. 자신이 '어떤 식으로든 관계에서 문제를 만들어 내는' 경향이 있음을 어느 정도 깨닫고 있거나[이는 심리적 정향(psychological mindedness)을 나타냄] 혹은 자신에게 부적합한 애인, 어쩌면 신체적으로 학대하지는 않지만 결국에는 정서적으로 거리를 두는 모습을 보이는 애인들을 선택하는 경향이 있음을 어느 정도 알아차리는 사람일 수 있습니다. 이상적인 경우라면, 이런 환자는 추상적 사고능력이 있고 심각한 보상기전상실(decompensation, 역자 주: 심리적 균형상태를 유지하는 데 사용해 온 보상기전이 스트레스 강도가 심한 상황이거나 환자의 심리내적 강도가 약해진 상황에서 이 균형을 유지할 수 없는 상태, 즉 보상기전이 무너진 상태) 없이 일상생활에서 어느 정도의 불안과 좌절을 견뎌 낼 수 있는 능력을 이미 보여 주었을 것입니다. DSM-IV-TR(American Psychiatric Association, 2000)에 따르면, 이런 환자는 아마 기분부전장애, 달리 분류되지 않는 우울장애, 혹은 달리 분류되지 않는 불안장애로 진단받을 것입니다. 이상적으로는, 개인치료를 통해서 자신을 더 잘 이해하는 데 높은 관심을 보이고, 매주 한두 번의 정기적인 치료회기가 가능하도록 근무일정을 조정할 수 있는 사람입니다. 감을 잡으셨나요? 여기서 말하는 환자는 대체적으로 꽤 잘 기능하고 있고 이미 소수의 의미 있는 관계를 맺고 있는 사람입니다. 중대하거나 심지어 중간 정도로 심각한 성격장애가 있는 사람에 대해 말하고 있는 것이 아닙니다. 최근 다수의 약물 과다복용으로 인해 여러 번 입원한 전력이 있다거나, 수년 동안 장애

수당을 받고 있는 상태에 있는 사람에 대한 이야기도 아닙니다. 이 렇게 좀 더 복잡한 환자들은 이미 **대상관계**이론의 원칙에 대한 탄탄 한 이해를 갖고 있고, 치료하기가 유난히 어렵고 잠재적으로 불안 정한 환자들을 치료할 때 나타나는 복잡한 문제에 대처하는 데 이 러한 이해를 활용할 수 있는 치료자를 만나는 것이 유익할 것입니 다. 게다가, 심각한 물질사용 문제나 급성 조증, 급성 정신증 혹은 심한 반사회적 성격 특성 등의 공병이 있는 환자들은 이런 유형의 심리치료에 적합하지 않을 것입니다.[3]

자, 이제 여러분이 앞서 기술한 바와 비슷한 어떤 환자를 찾았다 고 합시다. 이상적인 경우라면 그 환자는 대인관계 영역에 기반한 어려움을 겪고 있고, '안전하고 침착하며', 자기성찰 능력이 어느 정도 있고, 여러분에게 치료를 받는 데 관심이 있으며, 전반적으로 아주 잘 기능하고 있고, 정기적으로 매주 만나는 치료회기에 충실 히 참석하는 데 용이한 삶의 여건을 갖추고 있습니다. 그럼 이제 무 엇을 해야 할까요?

---

3) 이런 어려움이 있는 환자들은 초심 대상관계치료자에게는 적합하지 않을 수 있지만, 치료자가 대상관계 개념과 기법에 숙달되면 분명히 이 환자들을 위한 치료 전반에 유 익한 정보와 도움을 줄 것입니다.

Chapter
05

치료계약

일단 초기 평가를 실시하여 개인 치료에 적합한 환자임을 확인하고 치료계획을 수립했다면, 다음 단계는 환자로부터 '설명을 듣고 동의했다.'라는 확인(informed consent)을 받고 치료계약을 맺는 (보통 구두로) 일을 하는 것입니다. 이 일을 처리하기 위해 별도의 만남을 적어도 한 번은 가지라고 권하고 싶습니다. 이 만남에서 나는 보통 '심리치료가 어떤 것이고 어떻게 진행되는지'를 설명할 것입니다. 예를 들면, 이렇게 말합니다. "우리는 일주일에 한 번씩 50분간 만납니다. 이 시간 동안 우리는 당신이 원한다면 어떤 것이든 그것에 대해 얘기를 나눌 수 있는데, 당신이 말하고 싶지 않다면 말하지 않아도 괜찮습니다." 이런 설명은 환자에게 약간의 불안감을 줄 수 있습니다. 왜냐하면 환자는 이제 나와 마주보며 50분 동안 어색한 침묵 속에 앉아 있는 모습을 상상할 수도 있기 때문입니다. 만약 환자가 이런 상황에 대해 점점 불안해지는 것처럼 보이면 나는 흔히 안심시켜 주는 말을 덧붙입니다. 이를테면, 다음과 같은 말을 할 수 있습니다. "이런 상황이 좀 부담스럽게 들릴 수도 있겠지만, 잘 적응하시리라 생각합니다. 또 필요할 때는 제가 도움을 드리겠습니다." 심리치료에 대한 불안과 스트레스라는 화제는 잠재적인 위험(potential risks)에 대한 논의로 이어집니다. 이에 대해서는 이렇게 말할 수 있습니다. "심리치료는 새로운 종류의 관계입니다. 그리고 변화는 어떤 것이든 간에 약간의 스트레스를 줄 수 있습니다. 이 때문에 가끔 처음에는 심리치료가 사람을 더 불편하거나 고통스럽게 만든다고 느낄 수 있습니다. 이런 위험이 따를 수 있음을 이해하는 것이 중요합니다. 우리 두 사람 다 이런 위험에 주의를 기울일 수 있고, 만약 이런 일이 일어나더라도 분명히 함께 헤치고 나아갈 수 있을 것입니다. 하지만 당신은 심리치료에 무난히 적응하시리라 생각합니다. 그렇지 않다면 제가 당신에게 치료를 권하지 않았을 겁니다." 상태가 악화될 수도 있다는 위험을 솔직하고 분명하게 설명하는 것이 저는 중요하다고 생각합니다. 또한 나는 여러분이 어떤 환자가 심리치료에 적합한 후보라고 이미 결정했고, 그래서 치료에서 상당한 유익을 얻을 것으로 예상한다면, 그 환자를 이 시점에서 안심시켜 주는 것도 적절하다고 생각합니다.

앞서 환자에게 상담시간이 "50분"이라고 말한 점에 주목하십시오. '약 50분' 또는 '한 시간 미만'이라고 말하지 않았습니다. 나는 정확한 시간을 알려 주었습니다. 무심코 이렇게 말한 것은 아닙니다. 이 말은 환자에게 몇 가지 다양한 메시지를 전합니다. 우선, 이 말은 심리치료가 치료자에 의해서 구조화되고 조직화될 것임을 강조합니다. 치료자와 환자 간의 힘의 차이가 이 말에 함축되어 있고, 많은 환자가 이것을 알아차리거나 심지어는 이것에 반응을 보이기도 합니다. 이 말에 들어 있는 또 다른 메시지는 '치료자인 내가 통제한다.'입니다. 이 메타커뮤니케이션(metacommunication)은 약간 권위적으로 들릴 수도 있습니다. 그러나 많은 시간을 '통제할 수 없다.'라고 느끼는 환자에게는 안도감을 주는 메시지일 수 있습니다. 여러분이 환자와 함께하는 시간이 제한적일 것이라는 점 또한 아주 분명합니다. 아마 여러분은 심지어 어떤 사람의 단어 선택에도 복잡성과 의미가 겹겹이 들어 있다는 것을 깨닫기 시작했을 것입니다. 하지만 이 때문에 위축되지는 마십시오. 치료에서는 어떤 행동이나 말을 하는 데 있어서 절대적으로 '맞거나' '틀린' 방식은 없습니다. 여러분이 나중에 이전의 어떤 상황에서 다른 접근이 더 적합했을 것이라고 판단한다면, 대개의 경우 여러분은 앞서 했던 어떤 말을 바로잡을 수 있습니다. 이를테면 그 다음 회기에서 말입니다.

다음으로 내가 일반적으로 말해 주는 것은 환자에게 내가 기대하는 것이 무엇인가입니다. 나는 흔히 이렇게 말합니다. "이런 유형의 치료에는 과제가 없지만, 몇 가지 부탁하고 싶은 것이 있습니다. 모든 약속 시간에 빠지지 않고 오는 것과 시간에 맞게 오는 것이 중요합니다. 급한 사정이 생겨서 오실 수 없다면, 가급적이면 미리 전화해서 저와 직접 통화하시기 바랍니다." 만약 여러분의 치료실 상황에 적용된다면 이때가 치료비 징수나 이와 연관된 기대를 의논하기에도 적절한 시간일 것입니다.

　어쩌면 내가 기대하는 것들이 약간은 내담자에게 많은 것을 요구하는 것 같고 경직되게 들릴 수도 있습니다. 그렇지만 나는 진짜 환자가 '모든 약속 시간'에 시간을 엄수해서 와야 한다는 높은 기대를 걸고 있습니다. 이 말을 듣고 놀라는 환자들도 있을 수 있습니다. 그렇다면 이 말은 환자에게 무엇을 전달할까요? 이 말이 전하는 것은, "당신이 치료에 참석하는 것이 내게 중요하고, 심리치료는 당신의 삶에서 높은 우선순위를 차지해야 합니다."라는 것입니다. 만약 이 내용이 언뜻 이해하기 어렵다면, 이 말을 아주 다른 식으로 했을 때 환자에게 어떻게 전달될지 생각해 보십시오. "이 유형의 치료에는 과제가 없고, 당신이 약속 시간에 오지 않거나 늦어도 저는 그리 개의치 않습니다." 이 두 번째 발언은 여러분이 정말 신경쓰지 않는다는 인상을 준다는 것을 이해하시겠습니까? 치료자가 기대와 경계 그리고 규칙을 정하는 것은 많은 기능을 수행합니다. 이 중 중요한 한 가지는 환자의 치료적 진전에 대한 관심을 전하는 것입니다. 환자들은 이에 대해 다양한 방식으로 반응할 것이고, 이는 부분적으로 여러분이 표현하는 갈구함[neediness, "당신은 매주 여기 와 줘야겠습니다(I need you to be here every week.)".]에 대한 환자의 반응과 관련됩니다. '치료규칙'에 대한 명확한 진술은 치료관계에 내재하는 힘의 불균형을 부각시키기도 합니다. 환자가 아니라 여러분이 그런 규칙을 만들어 내는 사람이란 것입니다. 힘의 불균형에 관한 환자의 느낌은 방금 언급한 갈구함의 주제와 연결됩니다. 이런 주제들은 일반적인 관계에서뿐만 아니라 치료에서도 빈번하게 드러나는 경향이 있습니다. 이런 주제들이 어떻게 서로 교차하고 이것을 어떻게 다룰 것인지는 갈구함을 설명하는 제 13장에서 상세하게 논의할 것입니다.

방금 논의한 치료계약의 요소들은 내가 앞에서 제안한 대로 선발한 심리치료 환자 후보자들에게는 적절할 것입니다. 좀 더 복잡하고 어려운 환자들은 치료계약에 몇 가지 요소들을 추가할 필요가 있을지도 모릅니다. 추가할 요소에는 치료를 위협할 수 있는 기타 주제들에 대한 치료자와 환자 간의 동의가 포함될 수 있습니다. 잠재적으로 치료를 저해할 수 있는 주제들의 몇 가지 예는 다음과 같습니다. (자신의 내면 세계를 더 잘 이해하려고 노력하기보다는) 일상의 문제와 결정에 관해 지지와 조언을 얻는 데 집착하기, 되풀이되는 자살위협과 자해행동, 극심하게 문제가 있는 섭식패턴, 물질남용 문제 등입니다. 이런 주제들은 숙련된 치료자가 수행하는 치료에는 방해가 되지 않겠지만, 이런 주제들을 갖고 있는 환자들은 대상관계에 기반한 치료를 숙달하려고 시도하는 초심 치료자들에게는 가장 적합한 후보자가 아닐 것입니다.[1]

---

1) 더 심각한 병리가 있는 잠재적으로 불안정한 환자들을 위한 관여도가 좀 더 높은 치료계약에 관한 문헌으로 Frank Yeomans, John Clarkin, Otto Kernberg의 『경계선 환자를 위한 전이-중심 심리치료 개론(A Primer of Transference-Focused Psychotherapy for the Borderline Patient)』(pp. 71-103)을 권합니다.

Chapter
06

규칙과
경계의 가치

앞 장에서 우리는 치료에 관한 기대와 규칙 및 경계를 정하는 것을 통해 치료자가 환자와 치료의 진전에 마음을 쓰고 있음을 어떻게 전하는지를 보여 주는 예시를 살펴보았습니다. 심리치료 안에서 규칙과 경계가 가지는 가치를 보여 주는 데 도움이 되는 또 다른 예시를 살펴봅시다. 가상 환자 수잔(제4장에서 자세히 소개됨)이 여러분과 함께 막 심리치료를 시작한다고 상상합시다. 여러분은 방금 수잔을 만나 치료계약과 함께 치료에 어떤 것이 포함될지를 논의하려고 합니다. 여러분은 이제 상호 간에 가능한 상담 일정에 대해 논의하는 중입니다.

수잔: 그럼 실제로 언제부터 시작하나요?

치료자: 글쎄요, 우리 두 사람 모두 가능하고 정기적으로 만날 수 있는 날짜와 시간을 정할 필요가 있습니다.

수잔: 저는 금요일 저녁 7시가 가장 좋은데요. 그때 만날 수 있나요?

치료자: 그때는 안 될 것 같아요. 매일 마지막 약속이 오후 5시거든요. 목요일 오후 2시는 어떨까요?

수잔: 아니요, 그때는 저한테 좋지 않아요. 하루 일정이 중간에 끊어지거든요. 목요일 저녁 6시는 어떨까요? 사진반 수업을 마치고 곧바로 올 수 있어요. 그러면 훨씬 더 편리할 거예요.

여러분은 이 상황을 어떻게 다루시겠습니까? 이런 상황은 드물지 않습니다. 여러분은 이 환자와 '공식적인' 첫 회기를 시작하지도 않았지만, 치료는 이미 시작된 게 분명합니다. 이런 상황에서 여러분이 굳건한 경계를 유지하지 않는다면, 환자에게 어떤 메시지가 전달될지 생각해 봅시다. 나는 여러분이 경계를 유지하지 못한다면, 이러한 실패는 적어도 두 가지 방식으로 이 환자와의 치료를 방해할 소지가 있다고 주장합니다. 첫째, 이 환자를 위해 예외를 둠으로써 '좋고 배려하고 맞춰 주는 치료자'라는 미명하에 여러분 자신이 소개한 규칙 즉, 오후 5시 이후에는 환자를 보지 않는다는 경계를 유지할 능력이 여러분에게 없음을 실제로 보여 주게 됩니다. 경계를 정하거나 지키는 것이 어려운 환자에게 이것은 무엇을 전달할까요? 자, 만약 환자가 스스로 경계를 정할 수 없는데, 여러분도 치료관계에서 자신의 경계를 지키지 못한다는 것을 막 보여 준다면, 도대체 누가 경계를 지킨다는 것입니까? 대답은 '아무도 없다.'

일 것입니다! 여러분과 함께 치료여행을 떠나려는 환자에게 이것은 얼마나 겁나는 일이겠습니까. 이것은 마치 여러분이 뱃길 여행의 선장이 되기로 동의했는데 승선한 배에 키가 없고 여러분이 항해하는 방법을 전혀 모른다고 환자에게 알려 주는 것과 같습니다. 환자는 당연히 여러분과 함께 바다에서 표류할 것이라고 예상할 것입니다! 경계를 지키지 못하는 치료자는 환자들에게 큰 불안감을 안겨 줄 수 있습니다.

고려해야 할 두 번째 문제는 여러분이 평상적인 치료 일정을 바꾸는 것이 이 환자와 이 환자의 치료에 대한 여러분의 태도에 미칠 영향입니다. 예를 들어, 환자에게 맞추느라 근무시간을 한 시간 연장한 결과 교통체중에 걸려서 귀가시간이 길어질 수 있는데(예: 2시간으로), 한 시간 일찍 출발하면 이것을 피할 수 있을 것입니다. 여러분은 이런 상황에 대해 원망하는 마음을 가질 수 있고, 이 환자를 치료하는 동안 아마 무의식적으로 이런 원망을 행동화할 개연성이 높습니다. 이것은 **부정적 역전이**(negative countertransference)[1]의 한 가지 예가 될 수 있습니다. 이처럼 초기에 경계를 정하는 데 실패하면 치료가 오염되거나 훼손되기 쉽습니다. 실제로, 치료관계에서 군건한 경계를 유지하기 위해 때에 따라서는 어려운 결정을 내리는 것이 앞서 기술한 것 같은 문제들로부터 치료를 지켜 줍니다.

---

1) 부정적 역전이는 치료자의 개인적인 문제 혹은 욕구로 인해 치료자 안에서 일어나는, 치료를 오염시키는 환자에 대한 감정적 반응을 뜻합니다.

Chapter
07

첫 회기
시작하기

일반적으로 나는 실제 첫 회기를 시작하기 전에 환자를 몇 차례 만납니다. 첫 회기가 있는 날, 나는 (병원 정신과 외래환자 부서에서 일하고 있으므로) 보통 대기실에서 환자와 인사를 나누고 내 치료실로 안내합니다. 내가 대체로 건네는 인사말은 아주 간단합니다. 예를 들면, "안녕하세요, 수잔. 어서 오십시오."입니다. 특히 치료의 초기 단계에서는 많은 환자가 치료실까지 걸어가는 짧은 시간 동안 잡담을 나누려 합니다. 이런 상황에서 나는 대체로 예의 바르고 상냥하게 처신하지만, 환자와 길게 대화를 나누려 하지는 않는 편입니다. 이 시점에서 환자들이 가장 자주 묻는 질문은 아마도 "오늘 어떠세요?"일 것입니다. 이럴 때 나는 대체로 "좋습니다(I am doing well)"라고 반응합니다. 물어봐 줘서 고맙다고 환자에게 답하기도 합니다. 그렇지만 나는 이 시점에서 환자에게 어떠냐고 되묻지는 않습니다. 우리는 지금 치료실로 함께 걸어가고 있는 중이라는 사실을 기억할 필요가 있습니다. 환자의 현재 감정 상태는 치료 회기의 중요한 부분이고, 이 때문에 일단 우리가 치료실에 들어간 후에 다루는 것이 가장 좋습니다. "전 좋습니다. 고맙습니다. 당신은 어떠십니까?"라고 되묻지 않는 것이 처음에는 다소 부자연스럽게 보일 수도 있습니다. 회기를 시작하기 전에 우호적인 잡담을 최소한으로 하려는 나의 결정은 다분히 의식적이고 중요한 결정입니다. 환자들이 이 시점에서 우호적인 잡담을 나누려 하는 보편적인 (대부분 무의식적인) 이유는 불안을 줄이려는 것입니다. 잡담은 우호적이고 격식 없는 대화와 그런 관계에 대한 환상을 만들어 내는 역할을 합니다. 치료관계에서 힘의 균형이 좀 더 균등하다는 환상을 만들어 환자의 불안을 줄여 주는 것입니다. 하지만 치료자와 환자의 관계는 친구관계도 아니고 스스럼없는 어떤 다른 관계도 아닙니다. 치료관계에는 힘의 불균형이 분명 존재합니다. 환자와 공모하여 이 관계를 다른 식으로 진행하거나 묘사하는 것(예: 친구 사이의 잡담으로)은 부정확한 것이므로 환자에게 도움이 되지 않습니다. 이렇게 하는 것은 관계에 내재한 중대한 힘의 불균형 문제와 이것이 환자에게 미치는 영향을 간과하는 일입니다. 치료에서 힘의 불균형으로 인해 기울어진 운동장을 평평하게 하려는 의도에서 환자들이 하는 말은 그들이 힘의 불균형을 지각하고 인식했을 때 흔히 보이는 반응입니다. 이것은 감추어서는 안 되고 치료에서 명시적으로 다뤄야 할 중요한 주제입니다. 힘의 불균형은 많은 관계에 존재하기 때문에, 환자가 이 주제를 어떻게 다루는가는 치료실 밖에서 건강한 관계를 만들고 유지하는 능력에 영향을 미칠 것입니다.

일단 치료실에 들어와서 자리에 앉으면, 대체로 나는 환자의 이름과 날짜, 약속시간을 회기 기록장 맨 위에 적고, 그런 다음 아무 말 없이 집중해서 기다립니다. 이것은 여러분에게 처음에는 꽤나 부자연스럽고 불편할 수 있습니다. 또 한 번 말씀드리지만, 처음의 이 침묵은 의식적이고 중요한 선택입니다. [손상이 매우 심한 환자에게는 불안을 줄여 주려고 충분한 구조(structure)를 제공하기 위해 침묵으로 시작하는 것을 선택하지 않을 수 있습니다.[1] 하지만 이러한 환자는 여러분이 **정신역동치료**를 처음 배우는 동안 앞서 내가 선택하라고 제안한 환자들과는 다른 환자집단입니다.] 제5장에서 내가 환자에게 심리치료에 대해 어떻게 설명해 주라고 제안했는지 기억하십니까? 환자는 원한다면 어떤 것이든 그것에 대해 이야기할 수 있고, 만일 말하고 싶지 않다면 그것도 괜찮다고 말했습니다. 만약 내가 어떤 질문으로 회기를 시작함으로써 사실상 여러분이 염두에 둔 의제(agenda)를 부과해 버린다면, 이런 일은 일어날 수 없습니다. 시작할 때 여러분이 보여 주는 침묵은 환자가 마음에 두고 있는 것이라면 어떤 것이든지 말할 수 있는 자유를 줍니다.

회기를 침묵으로 시작하는 것은 처음에는 약간의 불안을 초래할 수 있습니다. 나는 환자가 반드시 약간의 불안을 경험해야 한다고 주장합니다. 그 이유는 이렇게 하는 것이 치료적 변화가 일어나

---

1) 우리는 이 개념을 제15장 '구조와 그것의 치료적 활용'에서 더 자세히 다룰 것입니다.

게 하는 추진력을 주기 때문입니다. 따라서 구조나 안내를 너무 많이 제공하는 것을 피하는 것이 중요합니다. 왜냐하면 이렇게 할 경우 변화를 일으키는 데 필요한 역치 이하로 환자의 불안 수준을 떨어뜨릴 수 있기 때문입니다. 반면에, 환자가 불안에 압도되지 않도록 치료회기 중 충분한 구조와 안내, 안심시켜 주기를 제공하는 것도 마찬가지로 중요합니다. 만약 환자가 너무 심적으로 힘들게 되면 보상기전상실이 일어나거나 퇴행하거나 혹은 아예 치료를 중단해 버릴 수도 있습니다. 예컨대, 수잔의 첫 회기 시작 무렵에 다음과 같은 짧은 대화가 오고갈 수 있습니다.

> 수잔: (처음에는 말이 없고 약간 불안해 보이고 말을 꺼내기 전에 몇 초간 방을 둘러본다.) 무슨 말을 해야 할지 잘 모르겠어요. (살짝 미소 짓는다.)
>
> 치료자: 당신이 원한다면 어떤 것이든 우리는 그것에 대해 얘기할 수 있습니다. 만약 특별히 하실 말씀이 없다면 그것도 괜찮습니다. 지금은 당신의 시간입니다.

수잔이 얼마나 불안해 보이는가에 따라 치료자가 반응할 수 있는 방식은 아주 다양합니다. 만약 수잔이 전혀 크게 불안해 보이지 않는다면, 치료자는 환자가 했던 말에 아무런 반응을 보이지 않는 쪽을 택하고 그저 조용히 있으면서 환자가 준비가 되었을 때 말을 계속하도록 기다려 줄 수 있습니다. 스펙트럼의 정반대쪽으로 가서 만약 수잔이 몹시 불안해 보인다면, 앞의 예시에서보다 더 많은 구조와 안내를 제공하기로 결정할 수 있습니다. 이를테면, 치료자는 다음처럼 논의할 만한 어떤 화제를 제안하는 반응을 보일 수 있습니다. "한 주 동안 어떻게 지내셨는지에 대한 얘기부터 하실 수도 있습니다." 일반적으로 나는 앞서 언급한 이유로 되도록이면 이렇게 많은 구조와 안내를 제공하는 것은 피하려고 노력할 것입니다. 환자의 불안을 줄여 주는 또 다른 방법은 환자가 자신의 정서상태에 대해 말하도록 하는 것입니다. 다음의 대화는 이 중요한 기법을 구체적으로 보여 줍니다.

> **치료자:** 조금 불안해 보이시네요. ……지금 어떤 느낌인지 전부 다 말씀해 주세요.
>
> **수잔:** 글쎄요, 말씀하신 대로 불안한 느낌이에요.
>
> **치료자:** 몸 어디에서 불안이 느껴지는지 말씀하는 것부터 시작하셔도 됩니다.
>
> **수잔:** 속이 울렁거리는 느낌이에요
>
> **치료자:** 네, 그렇군요. 신체적으로 또 어떤 걸 느끼시나요?
>
> **수잔:** 음, 근육이 긴장된 것 같고 양손을 꽉 쥐고 있어요.
>
> **치료자:** (수잔이 이미 더 차분해졌음을 알아차린다.) 지금은 조금 긴장이 풀린 것 같이 보입니다.
>
> **수잔:** 예, 제 생각에도 그런 것 같아요.

이 대화에서 치료자는 수잔에게 자신의 정서상태를 관찰하고 기술해 보라고 요청하고 있습니다. 많은 환자가 정서상태를 관찰하고 기술하는 데 곤란을 겪는데, 특히 심리치료가 처음인 경우 더 그렇습니다. 이러한 기술을 기르는 것은 치료과정의 중요한 한 부분입니다. 나는 다음에 제시할 3단계 접근이 이런 곤란을 겪고 있는 환자들에게 도움이 되는 것을 경험했습니다. 첫 단계에서 나는 감정이 신체적으로 어떤 영향을 미치고 있는지를 말해 보라고 환자에게 요청할 것입니다. 대부분의 환자들은 전체 과정에서 이 단계가 가장 쉽다고 여깁니다. 만약 이 방법이 환자가 느끼는 정서의 강도를 효과적으로 낮추지 못하면, 나는 환자에게 그 느낌이나 혹은 그와 연관된 상황에 관한 생각을 말해 보라고 요청합니다. 많은 환자는 마지막 단계, 즉 감정을 추상적인 용어로 (예: 은유나 혹은 직유를 사용하여) 기술하는 것을 이 과정에서 가장 어려운 부분으로 여깁니다. 일단 환자가 앞의 두 단계를 거치면서 이미 어느 정도 진정되었다면 나는 흔히 이 단계는 마지막을 위해서 남겨둘 것입니다. 각 단계를 진행할 때마다 나는 환자가 가능한 한 자세히 말하도록 격려합니다. "저를 위해서 가능한 한 구체적인 내용을 많이 담아서 말로 묘사해 주세요." 여러분은 이 기법이 환자가 진정하고 감정의 강도를 낮추는 데 효과적인 이유는 무엇이라고 생각합니까? 효과의 큰 부분은 자신을 관찰하는 마음의 측면[1933년에 Sigmund Freud가 **관찰자아**(observing ego)라고 불렀음]과 관련이 있습니다. 주의력은 용량이 제한되어 있고 선택적인 특성이 있기 때문에 인간의 마음은 한 번에 하나 이상의 과제에 초점을 맞추기가 매우 어렵습니다(Abernethy, 1988; Guttentag, 1989). 만일 환자가 자신의 정서 상태를 관찰하고 기술하는 데 몰두하도록 우리가 도와줄 수 있다면, 환자는 정서의 강렬함에 압도당하고 휩쓸린 상태로 남아 있기가 더 어려울 것입니다. 따라서 자신을 세밀하게 관찰하는 행위 자체가 사람들을 진정시키고 어떤 감정이든 그 강도를 낮추는 데 도움이 됩니다. 이 기법은 놀랄 만큼 효과적입니다.[21] 일단 환자가 여러분과 함께 이 기법을 충분히 적용해 보았다면, 다른 상황에서도

스스로 자신의 정서를 관찰하기 시작할 수 있습니다. 흔히 이 기법
의 가장 어려운 부분은 아주 만만치 않은 환자나 혹은 심적으로 매
우 힘들어하는 환자를 우선 실제로 이 과정에 몰입하도록 돕는 일
입니다.

---

2) 제11장 '불안과 편집-분열 자리'에서 이 3단계 기법을 좀 더 자세히 보여 주는 대화를
   살펴볼 것입니다.

Chapter
08

의미의
네 가지 수준

초심 치료자들은 환자가 전달하고자 하는 것을 어떻게 이해해야 할지 흔히 궁금해합니다. 제3장 '평가와 사례공식화'에 소개한 H.O.R.S.E. 면담접근법이 이럴 때 아주 유용할 수 있습니다. [그림 8-1]은 심리치료에 적용된 H.O.R.S.E. 접근법을 구체적으로 보여 줍니다.

나는 환자와의 상호작용에서 무슨 일이 일어나고 있는지에 대한 잠정적인 이해를 종합하기 위해 이 접근법을 사용하여 어떤 상황에 대해 세 가지 경로에서 얻은 정보(즉, 내가 들은 것, 관찰한 것, 그리고 나의 정서적 반응)를 고려합니다. 그리고 다음에 무슨 말을 해야 할지를 결정할 때 이런 잠정적인 이해를 사용합니다. 이것은 그저

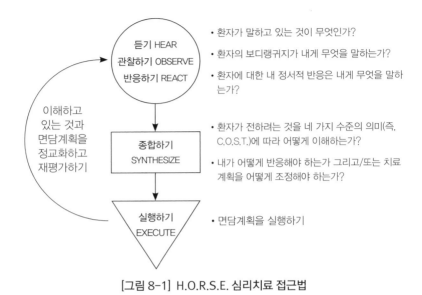

[그림 8-1] H.O.R.S.E. 심리치료 접근법

무슨 말을 해야 할지를 결정하는 데 쓰기에는 복잡한 과정처럼 보일 수 있습니다. 실제로 이것은 수많은 실습과 슈퍼비전 그리고 무슨 일이 일어났는지를 숙고하면서 많은 시간을 보내는—대체로 치료회기가 끝난 후 되짚어 보면서—가운데 개발할 수 있는 기술입니다. 그러나 이전 장에서 언급한 바와 같이, 치료에서 드러나는 주제들은 사람들 간에 흔히 놀라울 정도로 유사합니다. 그래서 치료자는 보편적 주제들을 다루고 특정한 환자와 상황에 맞춰 자신의 반응을 조율하는 데 대한 친숙함을 기르게 됩니다. 이것은 지속적인 학습의 과정입니다. 하지만 이것이 하나의 도전거리가 되어, 치료를 수행하는 일을 자극적이고 보람 있는 과업으로 만들어 줍니다.

이 장에서 나는 기억하기 쉬운 또 하나의 접근법을 제안하고 싶습니다. 이 접근법은 치료회기 중 일어나는 상호작용에 대한 여러분의 이해를 H.O.R.S.E. 도식([그림 8-1])에 포함된, 의미의 네 가지 가능한 수준에 따라 종합하는 (즉, H.O.R.S.E. 접근법에서 'S'에 해당하는 부분) 데 도움을 줄 수 있습니다. 그렇다면 의미의 네 가지 수준이란 무엇일까요? 네 가지 수준을 구체적으로 보여 주기 위해, 먼저 우리의 가상 환자인 수잔과 나눈 대화의 예시를 또 하나 살펴보려고 합니다. 수잔은 최근 심리치료를 시작했고 새 남자친구와의 관계에 대해 말하고 있습니다.

(치료자와 환자 둘 다 치료회기를 시작하려고 자리에 앉는다. 치료자는 아무 말도 하지 않고 있다.)

수잔: 아무튼 제프라는 이 남자와 데이트를 막 시작했어요. 근데 이게 어디로 갈지 확신이 안 서요.

치료자: (말없이 듣고 있다.)

수잔: 대부분 이전 남자친구들처럼 이 남자도 결국에는 냉담하게 굴고 저한테 거리를 두게 될 거라고 저는 장담할 수 있어요. 제겐 놀랄 일도 아니에요. 이미 그런 모습을 좀 보이고 있거든요.

치료자: 이 새로운 관계에 대해 그리고 이 관계가 어디로 갈지에 대해 약간의 불확실성을 느끼고 계신다는 말씀으로 들립니다. ……그게 당신에게 어떻게 느껴지는지 말씀해 주세요.

수잔: 음. 그는 그저 좀 조용한 사람이고 실제로 말을 많이 하지 않아요. 그래서 제가 지금쯤이면 이런 데 익숙해져야겠죠. 제 남자친구들은 늘 냉정하고 거리를 두거나 혹은 정말 강렬하고 통제가 심해요. 여기에 대해선 제가 어떻게 해 볼 수 있는 게 아무 것도 없는 것 같아요. (짜증난 목소리로 말한다.)

치료자: 심지어 지금 그 말을 하면서도 짜증난 것처럼 보입니다. 지금 느끼고
　　　　있는 게 뭔지 다 말씀해 주세요.

수잔: 정말요? 저는 정말 어떤 것을 느꼈다는 걸 알아차리지 못했어요. 근데
　　　지금 그 말씀을 하시니까, 어쩌면 짜증 같은 걸 느끼고 있는 것 같아요.

이 대화에 대한 이해를 종합해 볼 때, [그림 8-2][1]에 나타낸 의미의
네 가지 수준의 관점에서 생각해 보는 것이 도움이 될 수 있습니다.

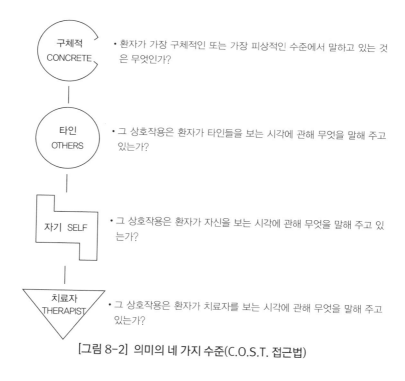

구체적 CONCRETE
- 환자가 가장 구체적인 또는 가장 피상적인 수준에서 말하고 있는 것은 무엇인가?

타인 OTHERS
- 그 상호작용은 환자가 타인들을 보는 시각에 관해 무엇을 말해 주고 있는가?

자기 SELF
- 그 상호작용은 환자가 자신을 보는 시각에 관해 무엇을 말해 주고 있는가?

치료자 THERAPIST
- 그 상호작용은 환자가 치료자를 보는 시각에 관해 무엇을 말해 주고 있는가?

[그림 8-2] 의미의 네 가지 수준(C.O.S.T. 접근법)

---

1) 참조사항: "의미의 네 가지 수준"은 '공식적인' 대상관계이론은 아닙니다. 이것은 치료
　중에 내리는 의사결정에 대한 한 가지 유용한 접근을 위한 틀로서 나의 심리치료 슈
　퍼바이저에게 전수받은 가르침에서 응용한 것입니다.

그림에서 볼 수 있듯이, 의미의 네 가지 수준을 의미하는 단어의 첫 글자를 모으면 두문자어 'C.O.S.T.'가 됩니다. 기억하기 쉽게 여러분은 이것을 그저 'cost(대가)'로 외우면 됩니다. 환자가 해결하지 못한 대인관계 문제의 결과로 잃어버렸거나 훼손된 관계에서 치른 대가로 기억하면 됩니다.

1. 구체적(CONCRETE). 가장 구체적인 혹은 피상적인 수준에서 환자가 전달하고 있는 것이 무엇입니까? 이것은 어떤 사람의 진술이나 질문에 담긴 가장 명백한 내용에 제한된 수준입니다. 앞의 대화에서 수잔은 새 남자친구와 막 시작한 연애관계에 대한 걱정을 얘기하고 있습니다.

2. 타인(OTHERS). 환자가 기술한 관계에서의 상호작용은 환자가 타인들을 보는 관점에 대해 무엇을 말해 줍니까? 이것은 여러분이 환자의 현재 활성화된 **대상표상**을 이해하는 데 도움을 줄 수 있습니다. 앞의 사례에서 수잔은 이전에 사귀던 남자친구들을, 원하는 것을 주지 않고 보유하고 있고, 냉담하고, 거리를 두는(withholding, cold, and distant) 사람으로 지각하고 있음을 기술하고 있고, 새 남자친구도 결국 (수잔이 지각하고 있는) 이전의 다른 남자친구들과 똑같은 사람인 것으로 드러나지 않을까 궁금해합니다.

3. 자기(SELF). 이 상호작용은 환자가 자기를 보는 관점에 관해 무엇을 말해 줍니까? 이것은 여러분이 환자의 현재 활성화된

자기표상을 이해하는 데 도움을 줄 수 있습니다. 이 사례에서 수잔의 말이 암시하는 것은 수잔이 관계에서 무기력하고 부당한 대우를 받는 희생자(a helpless, mistreated victim)로 자신을 보고 있다는 것입니다.

4. 치료자(THERAPIST). 이 상호작용은 환자가 치료자를 보는 관점에 관해 무엇을 말해 줍니까? 이것 역시 환자의 현재 활성화된 **대상표상**과 연관이 있습니다. 이 부분은 정보를 종합하기가 좀 더 어려울 수 있습니다. 특히 환자가 치료자를 특정해서—혹은 적어도 의식적으로는 그렇지 않게—말하지 않는다면 더욱더 어려울 것입니다. 수잔은 얼마 전에 막 심리치료를 시작했습니다. 그녀의 사적인 생활에서 새로운 연애관계를 시작한 것과 최근에 치료관계를 시작한 것 간에는 놀랄 만한 유사점이 있습니다. 환자들이 그 시점에 치료관계에서 일어나고 있는 것을 경험하는 바와 유사한 자기 삶의 어떤 주제를 무의식적으로 선택해서 논의하는 것은 아주 흔한 일입니다. 치료관계가 어디로 가고 있는지 수잔이 불확실하게 느끼다 보니 이 불확실성이 무의식적으로 수잔을 새로운 연애 관심에 관한 걱정을 논의하는 쪽으로 이끌었을 것이라고 우리는 추정할 수 있습니다. 혹은 수잔의 말은 (회기를 침묵으로 시작한) 치료자를 냉정하고 거리를 두는 인물로 지각하는 그녀의 **대상표상**을 반영한다고 보는 것도 가능합니다. 치료자의 이런 행동이 수잔이 과거에 경험했던 거리감이 느껴지는 관계에 관한 기억을 촉발시켰고, 그 결과 그런 말을 했다고 추정해 볼 수 있습니

다. 환자가 치료 중에 하는 말이 치료관계에서 일어나고 있는 것과 그토록 긴밀하게 연결되어 있다는 개념을 받아들이는 것이 때로 초심 치료자들에게는 어려울 수 있습니다. 특히 그 연관성이 즉각적으로 명백해 보이지 않으면 더욱더 어려울 것입니다. 그렇지만 마음을 열어 놓고 있으면 이런 일이 실제로 얼마나 자주 일어나는지를 알게 되어 놀랄 것입니다.

치료자는 무슨 말을 할지를 결정할 때 의미의 네 가지 수준 가운데 가장 피상적·구체적 수준부터 가장 깊은 (그리고 흔히 무의식적인) 수준까지, 어느 수준이든 그중 하나를 다루기로 정할 수 있습니다. 치료자가 어느 수준을 택해서 다룰지는 여러 요인에 달려 있습니다. 대체로 가장 피상적인 수준을 다루면 대부분의 환자에게는 불안을 가장 적게 불러일으킵니다. 이것은 지지적인 양식의 심리치료와 비슷하다고 볼 수 있습니다. 이와는 대조적으로, 제4수준에만 계속해서 초점을 두는 것은 많은 환자에게 아주 강렬하고 압도감을 주는 경험이 될 수 있습니다. 특히 치료과정의 초기에는 더 그럴 것입니다. 나는 일반적으로 치료자가 어떤 회기가 끝나가는 시점에 제4수준을 다루기로 결정하지 않게 주의를 줍니다. 그 이유는 이로 인해 발생한 불안이 있다면 회기가 끝나기 전에 환자가 이를 누그러뜨릴 수 있도록 도와줄 시간이 부족할지도 모르기 때문입니다.

치료자가 제4수준으로 향하는 말을 하는 것이 사람들에게 그토록 강렬하게 느껴질 수 있는 이유는 무엇일까요? 여기에는 두 가지 이유가 있다고 생각합니다. 첫째, 대화하고 있는 상대에게 자신이 느낀 바를 솔직하고 개방적이며 직접적으로 논의하는 것이 많은 사람에게는 꽤나 불편한 일입니다. 하지만 결국 이것이 환자가 심리치료를 받는 이유 가운데 하나일 것입니다. 여러분이 짐작할 수 있듯이, 자신의 치료자에 대해 갖는 느낌을 얘기하는 것은 유난히 불편한 일일 수 있습니다. 게다가, 치료자가 환자가 하는 말의 피상적인 의미 이상의 것을 보고, 얼핏 보기에는 연관성이 없는 논의 중인 주제들이 실제로 현재의 치료상황 및 치료관계와 어떻게 관련되는지를 알아차리는 능력을 보인다면, 환자는 깜짝 놀랄 수도 있습니다. 환자 자신이 애초에 이런 연관성을 깨닫지 못하다가 치료자가 언급하고 나서야 비로소 알게 되는 경우라면 환자는 더더욱 심란할 수 있습니다. 이 때문에 환자가 치료장면에서 '지금 이 순간의' 느낌을 좀 더 개방적으로 논의할 수 있는 능력이 길러짐에 따라 점점 더 깊은 수준의 의미를 다루는, 점진적으로 나아가는 방식이 최선인 경우가 많습니다. 일반적인 원칙은 환자가 현재 편안하게 받아들이는 수준보다 하나 더 깊은 수준에서 좀 더 자각하고 말하도록 돕는 일을 치료자가 매 회기마다 몇 차례 시도하는 것입니다.

앞의 예시에서 치료자는 "이 새로운 관계"라는 약간 모호한 문구를 사용하여 의미의 제1수준과 제4수준을 동시에 다룹니다. 이렇게 함으로써 수잔이 [의식적으로 그리고(또는) 무의식적으로] 어느 한 수준이나 혹은 두 수준 모두에서 자신의 말을 처리할 여지를 남겨둡니다. 이와 같은 기회가 주어질지 눈여겨보는 것이 도움이 됩니다. 더욱이, 치료자가 말을 한 다음, 이어서 수잔에게 느낌을 묘사해 보라고 요청하는 것에 주목하십시오. 이것은 치료 중에 무슨 말을 할지 결정할 때 또 다른 중요한 치료원칙, 즉 '정서 따라가기 (going after the affect)'를 나타냅니다. 의미의 네 가지 수준을 고려

하는 능력을 기르는 데에는 시간과 연습이 필요하므로, 여러분이
다음에 무슨 말을 해야 할지가 불확실한 경우에는 정서 따라가기
가 선택할 만한 유용한 기법입니다.

Chapter
09

개입방법

앞 장에서 우리는 치료자와 환자의 상호작용에서 일어나는 것을 이해하는 한 가지 접근법을 살펴보았습니다. 그렇다면 여러분이 무슨 일이 일어나고 있는지에 대해 어떤 가설을 세운 후에는 실제로 무슨 말을 하겠습니까? 그리고 그 말을 어떻게 하겠습니까? 질문을 하겠습니까? 평서문으로 말하겠습니까? 선택지들은 무엇입니까? 이 장에서는 **정신역동치료**에서 사용되는 세 가지 유형의 핵심 개입방법 혹은 거래 도구, 즉 **명료화**와 **직면**, **해석**에 관해 논의하려고 합니다.

명료화(clarification)는 설명이 따로 필요 없이 자명합니다. 여기에는 정보를 더 얻기 위한 어떤 요청이 들어 있습니다. 앞 장에 제시한 수잔과의 예시 대화에서 치료자는 **명료화**를 두 번 사용했습니다. 첫 번째 예에서 치료자는 "그게 당신에게 어떻게 느껴지는지 말씀해 주세요"라고 말했습니다. 두 번째 예에서는 "지금 느끼고 있는 것이 뭔지 다 말씀해 주세요."라고 요청했습니다. 이 두 가지 예에서 치료자는 모두 무언가(이 경우에는 수잔의 느낌)에 관한 정보를 더 요청하고 있음이 분명합니다. **명료화**의 예를 몇 가지 더 들자면, "계속 말씀하십시오." "제가 이해했는지 모르겠습니다." "그것에 관해 전부 다 말씀해 주십시오." 등이 있습니다.

   유감스럽게도 **직면**(confrontation)은 그다지 자명하지는 않습니다. **직면**이라는 단어가 공격적으로 들리기는 해도, 이 함축된 공격성은 치료적 개입으로서 이 단어가 뜻하는 바와 실제 관련된 것은 아닙니다. 다른 개입과 마찬가지로, **직면**이 포함된 진술이나 질문은 존중과 예의를 갖추어 전달해야 합니다. **직면**에는 환자한테 환자 자신에 관한 어떤 것을 말해 주는 내용[즉, 환자의 관심을 그것으로 향하게 하기, 그리고(또는) 그것에 관한 알아차림을 증진하기]이 들어 있습니다. 환자의 행동이나 정서상태의 어떤 측면에 대한 알아차림을 높이는 것(예: "오늘 여기 계신 것을 즐기는 것처럼 보입니다.")과 환자가 이미 자각하고 있는 어떤 것으로 주의가 향하도록 하는 것도 포함될 수 있습니다(예: "오늘 선글라스를 쓰고 계시다는 게 눈에 들어옵니다."). 다른 식으로는, 환자가 회피하고 있거나 혹은 의식적으로 자각하지 못하는 어떤 것에 대한 알아차림을 높여 줄 수도 있습니다. 이런 예로, 앞 장에서 치료자는 다음과 같이 말했습니다. "심지어 지금 그 말을 하면서도 짜증나신 것처럼 보입니다." 이에 대해 수잔은 치료자가 이런 말을 하기 전에는 짜증이 났는지 알아차리지 못했다고 답했습니다. 또한 **직면**은 불일치(inconsistencies)

에 대한 자각을 높여 주는 데 도움이 됩니다. 이런 예로 "오늘은 다른 어떤 사람보다 제가 당신을 더 잘 이해한다고 말씀하시네요. 그런데, 바로 지난주에는 저를 만나 봤자 아무런 도움이 안 된다고 말씀하셨습니다. 저에 대한 관점이 꽤 극단적으로 바뀐 것 같습니다." **명료화**와 **직면** 기법은 함께 쓰이면 때로 **해석**을 위한 기반을 마련하거나 길을 닦아 줄 수 있습니다.

　해석(interpretation)은 환자의 자각 밖에 있는 어떤 내적 주제나 분투를 환자가 이해하고 음미하도록 돕기 위해 만든 어떤 진술이나 질문(흔히 **명료화**와 **직면**에서 얻은 정보를 포함한)입니다. **해석**은 치료관계의 지금 여기에서 일어나고 있는 것과 과거 경험 간의 어떤 연결성을 기술하는 것을 포함할 수 있습니다(예: "당신은 오늘 제가 당신을 통제하려 한다고 느끼시는 것 같네요. 마치 어렸을 때 어머니가 통제하려고 했다고 당신이 말씀하셨던 것과 아주 비슷하게요."). 혹은 해석을 통해 왜 특정한 정서상태를 피하고 있는지를 설명해 줄 수도 있습니다. (일례로, "앞서 당신은 저에 대한 긍정적인 느낌을 경험하고 있는 것처럼 보였습니다. 그런데 제가 그런 느낌을 좀 더 자세히 말해 달라고 요청하니 왠지 당신은 일에 대한 좌절감을 논의하는 쪽으로 넘어갔어요. 근데 그건 이해가 되기도 해요. 당신은 짜증스러운 감정에 훨씬 더 익숙하니까요. 좋아하는 감정을 경험하고 그것에 관해 얘기하는 것이 당신에게는 덜 익숙하고 더 불편한 일이죠.") **해석**은 또한 환자가 현재 활성화된 **대상관계 단위**를 이해하고 제대로 인식하도록 도움을 줄 수 있습니다. **대상관계 단위**는 관련된 **자기표상**과 이에 상응하는 **대상표상** 및 그 표상들에 대해 경험한 정서로 구성됩니다. 예를 들면, "당신은 저를 화가 나 있고 거절하는 부모로 보고 있고, 당신 자신은 겁에 질리고 상처받고 무기력한 아이와 같이 보고 계신 것 같습니다."라고 말할 수 있습니다. **해석**을 할 때 그 기저에 있는 가정은 환자가 자신의 무의식적인 내적 갈등을 (그리고 이것이 어떻게 대인관계 문제로 나타나는지를) 제대로 인식하고 이해하는 능력을 기른다면 이는 환자가 그 문제들을 해결하는 데 도움이 될 것이라는 것입니다. **대상관계**치료에서 **직면**과 **해석**은 환자의 마음속에서 [**분열**(splitting)기제[1]의 사용을 통해] 서로 분리되어 보존되는, **자기표상**과 **대상표상**의 갈등적이고 서로 다른 측면들을 합쳐서 통합을 촉진하려는 의도로 쓰일 때가 자주 있습니다.

Høgland와 동료들(2008)이 4년에 걸쳐 수행한 한 연구에 따르면, 매주 1회씩 1년 동안 **정신역동치료**(45분 회기마다 1~3번씩의 **해석** 포함)를 시행한 결과, 이 치료가 정신역동 기능척도에서의 지속적인 향상과 상관이 있는 것으로 나타났습니다. 심지어 평생 지속된 패턴의 심각한 대인관계 문제가 있던 환자들도 이러한 향상을 보였다고 합니다. 하지만 이보다 더 높은 빈도의 **해석**은 대체로 바람직하지 않습니다. 그 이유는 이러한 개입이 많은 환자에게 압도당하는 느낌을 줄 수 있기 때문입니다. 치료관계의 지금 여기에서 환자가 경험하는 것(**대상관계**치료에서 흔히 사용되는 개입)에 초점을 둔 **해석**은, 환자의 치료실 밖 관계에 관한 **해석**에 비해 불안을 더 많이 유발할 수 있다는 점을 여러분은 알고 있어야 합니다. 이 때문에 **해석**은 적게 하는 것이 더 좋습니다. 환자에게 공명되지 않고 불안을 유발하며 시의적절하지 않은 **해석**을 남발하면서 회기를 채우려고

---

1) 분열은 어떤 사람의 마음속에서 좋음과 나쁨의 개념들이 서로 분리되어 있도록 함으로써 불안을 줄여 주는 미성숙한 방어기제입니다.

시도하기보다는 소수의 **해석**(어쩌면 심지어 회기마다 그저 한두 개)을 하면서 해석을 실시하는 시기와 그것을 민감하게 전달하는 방식을 더 많이 고려하는 것이 일반적으로 더 바람직합니다.

지금까지 나는 **대상관계**치료에서 가장 특징적인 세 가지 기본적인 개입(**명료화**, **직면**, **해석**)에 초점을 맞추었습니다. 하지만 더 지지적인 개입[**공감적 타당화**(empathic validation)[2], 칭찬, 조언하기 등]을 여러분의 치료 도구 상자에서 제외하면 결코 안 된다는 점을 언급해야 할 것입니다. 이 책에서 논의한 모든 제안 및 기법과 마찬가지로, 나는 여러분이 환자가 자신 및 다른 사람들과 더 건강한 관계를 형성하게 돕는 가장 적합한 개입을 선택하도록 노력하라고 권하고 싶습니다. 이러한 선택은 상황과 환자 및 환자의 독특한 관계 패턴에 대한 탄탄한 이해를 바탕으로 해야 할 것입니다. 어떤 특정한 경우에, 치료목표 달성을 위해 지지적 기법이 요구된다면 그런 접근을 선택하십시오. 단지 어떤 심리치료 학파에서 전통적으로 신봉한다는 이유만으로 특정한 일련의 개입이나 기법에 너무 매이지 않도록 하는 것이 중요하다고 생각합니다. 이 책에서 제안된 내용들은 주로 대상관계 접근법에 기반을 두고 있지만 이들 중 일부는 다른 심리치료의 틀과 통합된 것입니다. 뒷장에 제시할 많은 예시 대화에서 여러분은 지지적 개입(특히 **공감적 타당화**)이 단독으로 적용되거나 혹은 **명료화**와 **직면** 및 **해석**에 통합되어 적용된 예를 볼 수 있을 것입니다.

---

2) 공감적 타당화는 환자의 감정 경험과의 조율을 보여 주는 치료자의 진술을 포함합니다(예: "그 때문에 화가 나셨을 거라고 이해가 됩니다."). 공감적 타당화는 자기애적 특성이 두드러진 환자를 치료할 때 특히 유용한 기법이 될 수 있습니다.

Chapter 10

투사적 동일시

이 장에서 제시할 개념들은 **대상관계** 관점에서 심리치료를 하려고 할 때 여러분이 이해하고 적용해야 할 아마도 가장 중요한 개념에 속할 것입니다. 그러니 이 장을 주의 깊게 읽으시기 바랍니다. 그리고 한 번 읽고 난 후 다시 읽고 또다시 읽으십시오. 이 장이 중요하다는 확신이 드십니까? 자, 그렇다면 시작합시다.

그렇다면 **투사적 동일시**(projective identification)는 대체 무엇입니까? **투사적 동일시**는 둘 또는 그 이상의 사람 사이에서 일어날 수 있는 **방어기제**입니다. 이것은 **대상관계**치료의 선구자 중 한 사람인 Melanie Klein이 1946년에 이름을 붙인 개념입니다. 본질적으로 이것은 다음 두 단계를 포함합니다.

1. 한 사람(예: 환자)이 감당할 수 없는 생각이나 감정을 다른 사람(예: 치료자)에게 투사하는 방식으로 행동합니다. 이것이 이 과정의 **투사**(projection) 부분입니다.
2. 투사를 받는 사람(예: 치료자)은 마치 이 생각이나 감정이 자신의 특성인 것처럼 느끼고 행동하기 시작합니다. 이것이 이 과정의 **동일시**(identification) 부분입니다.

이 **방어기제**는 수용할 수 없는 느낌이나 신념을 다른 사람에게 투사해 버림으로써 환자에게서 이것을 제거해 주는 역할을 합니다. 병리적 **투사적 동일시**와 병리적 **분열**은 경계선 성격장애를 특징짓는 두 가지 **방어기제**입니다. 그러나 이 **방어기제**들은 대체로 건강한 관계에서도 일어날 수 있습니다. 실제로, **투사적 동일시**는 어떤 형태로든 모든 관계에서 대부분의 시간 동안 진행되고 있고, 이것이 반드시 병리적인 것은 아니라는 점을 여러분에게 언급하고 싶습니다.

유감스럽게도 치료에서 병리적 **투사적 동일시**를 인식하는 것이 언제나 단순한 일은 아닙니다. 심지어 가장 숙련된 치료자들조차 놓칠 수 있습니다. **투사적 동일시**를 알아차리려면 치료 중 일어나고 있는 것에 대한 치료자 자신의 **감정** 반응을 끊임없이 살펴야 합니다. 왜냐하면 **투사적 동일시**는 투사를 받는 사람이 투사와 무의식적으로 동일시하게끔 엄청난 압박을 주기 때문입니다. 게다가 병리적 **투사적 동일시**는 흔히 투사된 긴박감을 담고 있습니다. "지금 해결해! 지금 뭔가를 해! 지금 반응해!"라고 말입니다. 환자와 말하는 동안 이러한 긴박감을 인식한다면 이것은 **투사적 동일시**가 어떤 식으로든 작동하고 있음을 알려 주는 꽤 민감한 경고입니다. 이러한 과정이 실제로 일어나고 있는 한 가지 예시를 살펴봅시다.

> (수잔은 지난주 약속한 치료시간에 20분 늦었다. 치료실에 도착해서 처음에는 버스를 놓쳐서 늦었다고 말했다. 치료자는 이 답변을 액면 그대로 받아들이는 대신에 수잔이 어떤 일 때문에 버스를 놓치게 됐는지를 추가로 물어보았다. 수잔은 치료 약속 전에 사무실을 나와서 점심을 먹으려고 집에 갔었다고 했다. 버스를 타러 집을 나서기 전에 수잔은 주말을 함께 보낼 수 있는지를 의논하려고 한 친구에게 전화를 걸었다. 꽤나 긴 통화를 하는 동안 버스를 놓칠 가능성이 머릿속에 떠올랐다고 인정했다. 수잔은 어쩐지 전화수다가 "치료에 시간 맞춰 오는 것보다 더 중요한" 일처럼 보였다고 했다. 이어서 비록 자신이 치료를 원했고 중시하지만, 치료 시간에 늦을 것이라는 전망이 "그때에는 그리 대단한 일로 보이지 않았다."라고 했다. 이런 보고를 시작으로 치료자와 수잔은 치료에 대한 자신의 욕구를 인정하고 견디는 데 대해 수잔이 느끼는 불편함을 논의하게 되었다. 그런데 지난주 회기에서 이런 논의를 했음에도 불구하고 수잔은 오늘 회기에도 12분 늦게 도착한다. 수잔은 치료실 문이 열려 있는 것을 보고 치료자에게 인사를 하고 미소를 띠며 걸어 들어온다.)

수잔: 잘 지내셨어요?

치료자: 잘 지냈습니다. 고맙습니다. 앉으시죠.

수잔: 저, 흥미로운 한 주를 보냈어요. 제인은 사무실 접수원 중 한명인데요, 이번 주에 해고됐어요. (수잔은 계속해서 사무실에서 있었던 어떤 일이 직장동료의 해고로 이어지게 된 사건을 기술한다. 이 이야기가 대략 5분 정도 이어지다가 자연스럽게 말을 멈춘다.)

치료자: 수잔, 이번 주에도 또 늦게 도착하셨네요. (**직면**)

수잔: 아, 네. 집을 나서기 전에 급하게 몇 가지 일을 처리해야 했어요. 그래서 시간 가는 줄 몰랐어요. 제 실수예요.

치료자: 제가 걱정하는 건 약속에 늦게 오시는 게 당신의 치료에 어떤 영향을 미칠까 하는 겁니다. 치료 시작 시간이 지난 후에야 도착하게 만드는 어떤 일이 일어나고 있는지를 좀 더 자세히 이해할 수 있게 저를 도와주실 수 있나요? (**명료화**)

수잔: 그저 몇 분 늦었을 뿐인데, 이게 뭐 대단한 일이라도 되나요? 선생님은 분 단위나 뭐 그런 식으로 돈을 받나요?

만약 여러분이 이 예시와 같은 상황에 있는 치료자라면 수잔의 마지막 말에 어떤 느낌이 들 것 같습니까? 수잔은 치료자가 과잉반응을 보이고 있음을 암시하는 말을 합니다. 이 말은 치료자인 여러분이 뭔가를 갈구하고 있음에 대한 공격을 담고 있습니다.("내가 시간 맞춰 오는 게 필요한 사람은 당신이야. 당신은 지금 과잉반응을 보이고 있어.") 수잔은 또한 자신의 지각에 대한 여러분의 반응은 환자의 안녕을 진심으로 염려해서라기보다는 재정적 자기 이해에서 나오는 것임을 암시하고 있습니다. 이런 말과 이 말에 함축된 의미 때문에 치료자가 짜증을 느낄 수 있다는 것을 이해하기는 어렵지 않습니다. 아무튼, 수잔이 치료자에게 투사하고 있는 주된 감정은 분노인 것 같습니다. 우리가 세워 볼 수 있는 가설은, 수잔은 자신이 치료를 필요로 한다는 사실을 견디지 못하고 이에 대한 반응으로 화가 났고, 이것이 애초에 지각으로 나타났으리라는 것입니다. 여기서 치료자에게 갈림길이 나타납니다. 치료자로서 여러분은 자신이 느끼고 있는 (또는 느끼도록 유도되고 있는) 짜증이 환자로부터 투사된 감정을 나타내는 것임을 그 순간 인식합니까? 아니면, 이런 느낌들과 무의식적으로 동일시하고 여러분 자신의 감정으로 받아들여 수잔에게 명백히 짜증이 나게 됩니까? 무엇이 일어나고 있는지를 분석하고 어떤 (반사적이 아닌) 치료적인 반응·행동경로를 선택하는 치료자의 능력은 환자들의 삶의 다른 관계와 치료관계를 구별 짓는 핵심적인 특징입니다. 병리적 **투사적 동일시**에 대한 치료적 반응은 환자가 지금 투사하고 있는 것(이 사례에서는 자신이 치료를 필요로 한다는 사실에 대한 분노)을 '되찾아가는' 기회를 줄 수 있지만, 새롭고 변형시킨 형태로(in a new, metabolized form), 즉 치료자가 투사된 것을 처리하고 그것을 환자에게 되돌려주는 어떤 치료적인 방식·형태를 선택한 이후에 그런 기회를 줍니다.

예시로 돌아가서, 여러분은 이런 상황에서 어떻게 반응하겠습니까? 이제 여러분이 제8장 '의미의 네 가지 수준'에서 다룬 의미의 네 가지 수준(C.O.S.T.)을 고려하시고 있기를 바랍니다. 앞의 대화에 대해 그리고 의미의 네 가지 수준 각각에 따라 이 대화를 어떻게 이해할지에 관한 몇 가지 생각을 적어 보는 것이 이 시점에서 유용한 연습이 될 것입니다. 가장 표층적·구체적인 수준에서 보면, 수잔은 여러분에게 있다고 지각되는 갈구함, 탐욕, 과잉반응 때문에 여러분에게 화를 냅니다. 두 번째 수준에서 보면, 수잔은 다른 사람에게서 갈구함을 지각하면 이에 대해 화를 내는 경향이 있다고 추정할 수 있습니다. 그리고 수잔의 말과 감정적 반응이 수잔 자신과의 관계에 관해서 우리에게 말해 주는 것은 무엇일까요? 특히 이전 회기 동안 이루어진 논의를 감안한다면, 수잔은 갈구함의 느낌을 견디지 못하는 것 같습니다. 이것은 아주 흔한 문제입니다.

수잔과 치료자의 관계에서 일어나고 있는 일을 우리는 어떻게 이해할 수 있을까요? 이것은 다소 교묘하고 다루기 어려울 수 있는 영역입니다. 앞서 언급한 대로, 우리는 수잔이 자신이 다른 사람들을 필요로 한다는 것을 견디지 못한다는 가설을 세웠습니다. 이것은 수잔 내면에 내적 갈등과 긴장 상태를 만들 수 있습니다. 한편으로 수잔은 자신이 심리치료를 원하고 그것을 필요로 한다는 것을 인식하는 것 같습니다. 다른 한편으로 그녀는 심리치료가 자기 내면에서 불러일으키는 갈구함의 느낌 때문에 짜증을 느끼고 있습니다. 그 결과 발생하는 긴장을 제거하려는 무의식적인 노력으로 수잔은 여러분과 그녀 사이에 유사한 갈등을 만들어 내는 방식으로 행동하고(회기 시간에 지각함으로써), 자신이 견뎌 내지 못하는 느낌들(즉, 갈망과 갈구함의 느낌)을 여러분에게 투사합니다. 그런 다음 수잔은 이 관계에서 갈구하는 사람(the needy one)은 여러분(여러분이 말한, 수잔이 제시간에 와야 한다는 욕구 때문에)이라고 지각하고, 이제 그녀가 여러분에게 있다고 지각하는 그 갈구함을 공격합니다. 이런 식으로 여러분은 그 불쾌한 갈구함을 전부 갖고 있는 사람이 되어 버렸습니다. 그 결과 수잔은 더 이상 이것을 원래 자기 안에서 발생한 것으로 지각하지 않습니다. 이런 과정은 애초에 수잔의 마음속에서 일어나고 있던 갈등(즉, 수잔이 자기 자신의 갈구함을 공격하기)을 효과적으로 가져갔고, 외부에 있는 것처럼 보이는 갈등을 만들어 내고—이제 그녀가 여러분 안에 있다고 지각하는 갈구함을 공격합니다. 이렇게 하는 것이 어떻게 수잔에게 안도감을 주는지 아시겠습니까? 애초에 전적으로 수잔 마음속에 있던 갈등이 이제 여러분과 그녀 사이에 있는 것으로 지각되고, 그것에 대해 책임 있는 사람은 바로 여러분이라고 여겨지고 있습니다. 왜냐하면 수잔이 보기에는 여러분이 한심할 정도로 갈구함을 드러내는 식으로 행동하고 있기 때문입니다. 게다가, 수잔이 여러분에게 짜증을 내고 있다는 점을 제외하면, 이것은 대부분 수잔의 의식적인 자각의 범위 밖에서 일어나고 있습니다.

이 모든 것을 활성화된 **대상관계 단위**의 개념으로 구성해 보면, 수잔은 갈구하고 탐욕스럽고 과잉반응을 보이는 치료자(**대상표상**)에 의해 자신이 부당한 대우를 받고 공격당하고 있다(**자기표상**)고 지각하고, 이에 대한 반응으로 분노(정서)를 경험하고 있는 것으로 보입니다. 이것을 모두 여러분에게 이해가 되는 방식으로 내가 설명했기를 바랍니다. 여러분이 이 개념들의 관점에서 사고하려면 때로는 어느 정도 시간이 걸립니다. 하지만 이것은 노력할 만한 충분한 가치가 있습니다. 왜냐하면 어떻게 치료를 진행시킬지에 관해 여러 선택지를 만들어 내고 이들을 비교 검토하는 능력은 바로 이런 이해를 기반으로 해서 길러지기 때문입니다.

이제 이 상황에 대한 이해를 의미의 네 가지 수준을 적용해서 살펴보았기에 다음에 할 일은 이 중 어느 수준에 반응을 맞출지를 결정하는 일입니다. 예시에서는 수잔이 자신과 치료자 사이의 어떤 주제를 직접 언급하고 있기 때문에 반응을 제4수준의 의미에 맞춰 구성하는 것이 합당하다고 생각됩니다. 수잔이 던진 마지막 질문이 "그저 몇 분 늦었을 뿐인데, 이게 뭐 대단한 일이라도 되나요? 선생님은 분 단위나 뭐 그런 식으로 돈을 받나요?"였다는 것을 기억해 보십시오.

선택할 수 있는 몇 가지 반응을 생각해 봅시다. 나는 대체로 세 가지 '강도'의 반응을 고려할 것입니다. 즉, 본질적으로 부드러운, 중간 정도, 그리고 강렬한(gentle, moderate, intense) 반응이 그것입니다. 부드러운 반응은 대개 환자와 치료자 사이의 관계를 다루지 않습니다. 이런 식으로 이 반응은 좀 더 '지지적인' 반응이나 발언입니다. 중간 정도 강도의 반응은 치료관계에서 일어나는 것을 간접적으로 다룰 것입니다. 그리고 강렬한 반응은 치료관계에서 일어나는 것을 직접적으로 다룰 것입니다[즉, **전이**(transference)[1] 주제들을 다루기]. 앞의 상황에 대한 부드러운 강도의 반응은 다음과 같을 것입니다. "당신은 좌절한 것처럼 보입니다. (**직면**) 지금 느끼고 있는 것을 모두 이야기해 주시겠습니까? (**명료화**)" 중간 정도 강도의 반응이라면 "저에게 상당히 짜증이 나신 것 같습니다. (**직면**) 지금 당신 안에서 일어나고 있는 것을 말씀해 주실 수 있나요? (**명료화**)" 강렬한 반응은 이럴 것입니다. "당신이 여기에 제시간에 오시기를 제가 기대하는 것이 당신에게는 한심하고 짜증나는 일로 보이나 봅니다. (**직면**) 저를 그처럼 요구가 많은 사람이라고 보시는데 그게 당신에게는 어떻게 느껴집니까? (**명료화**)" 이 반응들이 모두 수잔에게 자신의 정서상태를 좀 더 기술하도록 요청하고 있다는 점을 주목하십시오.

앞서 제시한 반응들은 모두 그 방향이 본질적으로 치료자의 갈구함에 대한 수잔의 짜증에 맞춰져 있습니다. 환자들이 자신의 갈

---

1) 전이는 과거의 주요 인물(흔히 부모)이 가졌던 특성을 치료자가 갖고 있다고 환자가 무의식적으로 그리고 부정확하게 지각하는 과정을 뜻합니다.

구함(그리고 타인들에게 있다고 지각하는 갈구함)을 어떻게 견뎌 내고 어떻게 그것에 반응하는지는 치료에서 두드러지게 나타나고 반복되는 주제가 되는 경향이 있습니다. 이렇게 반응하는 대신에, 치료자가 돈 욕심이 많아서 환자가 시간 맞춰 오는 데 관심 가질 뿐이라는 수잔의 암시에 초점 두는 반응을 선택할 수도 있었을 것입니다. 이 주제를 다루는 몇 가지 방식을 생각해 볼 수 있습니까? [한 가지 힌트를 드리자면, 앞의 반응 예시에서 치료자는 수잔의 왜곡된 암시에 방어하지 않고, 오히려 공격에 담긴 의미를 받아 주면서 그것을 다룹니다.(즉, 저를 그처럼 요구가 많은 사람이라고 보시는데 그게 당신에게는 어떻게 느껴집니까?"라고 묻습니다.)라는 점에 주목하세요.]

불안과 편집-분열 자리

편집-분열 자리(paranoid-schizoid position)라는 개념은 **대상관계**에 생소한 치료자들에게는 혼란스러운 개념일 수 있습니다. 하지만 많은 환자가 이 상태에서 오랜 시간을 보내기 때문에 이 개념을 이해해 두면 유용합니다. 이 용어는 원래 Melanie Klein(1946)이 욕구가 충족되지 않을 때 유아가 느끼는 공황과 공포 상태를 묘사하기 위해 만들어 낸 것입니다. 유아는 이런 상황을 자신의 생명에 대한 공격으로 지각합니다. **편집-분열 자리**를 이해하려고 할 때, 이 용어를 구성요소로 나눠 보는 것이 도움이 됩니다. '편집' 요소는 외부세계로부터의 박해나 공격으로 지각된 것에 관한 불안과 공포를 뜻합니다. '분열' 부분은 '전부 다 좋음(즉, 개인 내면의 좋음)'과 '전부 다 나쁨(즉, 외부세계에서 오는 악함)' 간의 분할(split)을 뜻합니다.

여러분은 파국적이고 압도적으로 느껴졌던 어떤 상황에 처한 때를 기억해 볼 수 있습니까? 그때 여러분이 느꼈던 불안과 공황을 기억합니까? 우리는 누구든지 특정 상황에 처하게 되면 때로 이런 마음상태에 빠져들 수 있습니다. 거의 대부분의 시간을 이러한 '적색경보의 파국적인 붕괴' 상태에 있다면 그런 상태가 어떻게 느껴질지 여러분은 상상할 수 있습니까? 심각한 대인관계 병리로 고통받고 있는 많은 사람이 이 경우에 해당됩니다. 어떤 상황이나 상호작용도 그들의 존재 자체에 대한 위협으로 지각될 수 있습니다. 이런 상태가 날마다 얼마나 사람을 감정적으로 고갈시킬 수 있을지 아마 여러분은 상상할 수 있을 것입니다. 이것이 환자가 불안과 고통을 조절하는 능력을 기르도록 돕는 일이 그토록 중요한 한 가지 이유입니다.

앞부분에서, 환자들이 자신의 감정에 휩쓸리거나 압도당하지 않고 더 잘 관찰할 수 있도록 돕는 방법에 관해 논의했습니다. 이것을 달성하는 한 가지 방법은 환자에게 자신의 감정상태를 최대한 상세하게 기술하라고 요청하는 것입니다. 많은 환자에게는 감정상태를 말로 기술하는 일이 힘들 수 있습니다. 그래서 나는 환자들에게 안도감을 주려고 이런 사실을 말해 줍니다. 내가 이미 언급한 대로, 대부분의 환자들은 감정이 신체적으로 어떤 영향을 주는지를 묘사하는 것부터 시작하는 일을 가장 쉽게 받아들입니다. 그러고 나서 여러분은 환자에게 어떤 상황에 관한 생각을 자세히 기술하라고 요청할 수 있습니다. 마지막으로, 환자는 감정 자체가 어떻게 경험되는지를 좀 더 추상적인 용어로("어쩌면 마치 제가 어두운 방에 있어서 무슨 일이 일어나고 있는지 볼 수 없는 것과 같아요."처럼, 은유나 직유를 사용하여) 기술할 수 있습니다. 이런 능력을 연습하고 발달시키는 것은 더할 나위 없이 중요합니다. 이 때문에 아마 치료자들이 그 유명한 치료 질문, 즉 "그 때문에 어떤 느낌이 듭니까?(How does that make you feel?)"를 하는 것으로 알려지게 되었을 것입니다. 다음은 환자가 이러한 과정에 참여하도록 돕는 방법을 보여 주는 예시입니다.

수잔: 그 여자가 저한테 그렇게 말했다는 걸 믿을 수 있으세요? 만약 제 상사가 거기 있었다면 그가 어떻게 생각했겠어요?

치료자: 그게 당신에게 힘들었다는 말씀이시네요. 그 일에 대해 그저 얘기만 하는데도, 지금 당신이 아주 긴장하고 있다는 걸 알 수 있습니다. (**직면**)

수잔: 아, 예, 그렇죠? 그 여자가 직장에서 다른 사람들에게 그런 말을 하기 시작한다면 어떻게 될까요? 제가 일자리를 잃게 된다 해도 저는 별로 놀라지 않을 거예요!

치료자: 수잔, 지금 어떤 느낌인지 말씀해 주세요. (**명료화**)

수잔: 지금 느끼고 있는 것이요? 그 여자가 저를 내쫓으려 한다는 느낌이지요.

치료자: 지금 분명 상당히 긴장돼 보이세요. (**직면**) 몸 어디에서 그 긴장을 느끼시는지 말해 줄 수 있으십니까? (**명료화**)

수잔: 온몸이 다 긴장돼요! 위장이 꼬인 것 같은 느낌이에요.

치료자: 그렇군요. 또 어디에서 그 긴장을 느끼십니까? (**명료화**)

수잔: 저, 다리 근육이 뭉친 것 같아요. 그리고 목도 그렇고 등도 그래요.

치료자: 또 신체적으로 어디에서 그 긴장을 느끼십니까? (**명료화**)

수잔: 손으로 의자 팔걸이를 잡고 있어요.

치료자: 머릿속에서 지금 어떤 생각이 드나요? (**명료화**)

수잔: 이런 일이 저에게 계속 일어나고 있다니 믿을 수 없어요. 너무 좌절스러워요.

치료자: 그녀가 한 말 때문에 상당한 좌절감을 느끼고 계시다는 걸 이해할 수 있습니다. 그 좌절감에 대해 말씀해 주세요. 가능한 한 자세하게 말해 주세요. (**명료화**)

수잔: 막 화가 나기 시작하는 것 같아요. 온 세상이 저를 둘러싸고 좁혀들기 시작해요. 저는 걱정되기 시작하고 일들이 걷잡을 수 없이 우후죽순처럼 막 일어나는 것 같아요. 이제 조금 더 차분해진 느낌이에요.

치료자: 이제 확실히 더 차분해 보이십니다. (**직면**) 지금 여기서 우리가 한 것처럼 감정을 자세히 관찰하실 수 있으면 도움이 되는 것 같습니다. (**직면**)

수잔: 그래요. 선생님이 저와 함께해 주실 때는 도움이 되네요. 그렇지만 선생님이 가까이 안 계실 땐 어떻게 하죠?

여러분은 이 대화에서 수잔의 활성화된 **대상관계 단위**를 조합할 수 있습니까? 수잔은 자신을 어떻게 경험하고 있습니까? 직장동료를 어떻게 보고 있습니까? 이 두 시각을 연결하는 정서는 무엇입니까? 수잔은 자신을 파괴하려고 작정한 악의적인 직장동료에게 피해를 입은 선량한 희생자로 스스로를 지각하는 것 같습니다. 수잔의 정서는 겁먹으면서도 격분한 상태인 것 같은데, 이것은 투쟁 혹은 도망 반응(a fight-or-flight reaction)을 떠올리게 합니다.

치료자는 수잔이 감정상태를 관찰하는 행동에 착수하도록 도울 수 있었습니다. 그런데 환자가 **편집-분열 자리**에서 몹시 고통받고 있을 때 이것은 종종 어려운 작업일 수 있습니다. 이따금 환자들은 자신들의 감정을 기술하기 시작하지만 결국에는 주제를 벗어나 다시 통제불능 상태에 빠집니다. 만약 이런 일이 반복해서 일어난다면, 여러분은 이것에 관해 환자에게 언급할 수 있습니다. "제가 당신에게 감정을 기술해 달라고 요청할 때마다 그렇게 하기 시작하다가 다른 것에 대한 얘기로 넘어가는 걸 보게 되네요.(**직면**)" 때로는 이 정도만 언급해도 환자가 강렬한 감정에 휩쓸리지 않고 초점으로 되돌아가도록 돕기에 충분합니다. 하지만 환자가 초점을 되찾게 돕는 이같은 작업을 여러 차례 수행할 필요가 있을지도 모릅니다. 이런 과정은 환자가 자신의 정신상태에서 일어나는 전환을 의식적으로 자각하는 능력을 기르는 데 도움이 될 것입니다. 이것은 좀 더 협력적인 과정으로 발전해서, 환자 스스로 이러한 전환을 알아차리기 시작할 수 있습니다. "이런! 제가 방금 또 그렇게 했다고 생각해요."

앞서 제시한 대화 말미에 수잔이 치료자가 곁에 없을 때는 어떻게 대처하냐는 질문을 했다는 점에 주목해 보세요. 이 회기 동안 수잔은 자신을 진정시키기 위해, 평소 그녀의 마음을 진정시켜 주는 치료자의 존재와 안내를 활용할 수 있습니다. 그런데 치료회기와 회기 사이, 즉 수잔이 혼자일 때는 왜 이것이 더 어려울까요? 부분적으로 이것은 제3장 '평가와 사례공식화'에서 언급한 바 있는 **대상항상성**(object constancy) 능력이 미흡하게 발달한 상태를 나타낼 수 있습니다. **대상항상성**은 어떤 사람이 곁에 없더라도 그 사람에 관한 안정되고 정확한 표상을 유지하는 능력을 포함합니다. 회기와 회기 사이에 수잔은 치료자에 대해 주로 부정적인 관점—즉, 그녀를 거부하고 버릴(rejecting and abandoning) 사람으로 경험하기—을 가지고 있을 수 있습니다. 치료자가 물리적으로 곁에 없을 때는, 자신을 진정시켜 주는 치료자에 대한 정신적 표상에 접근하고 그것을 사용하는 것이 수잔에게는 힘들 수 있습니다. 그래서 수잔은 회기와 회기 사이에 좌절감을 주는 속성과 만족시켜 주는 속성이 공존한다는 것을 반영하는, 균형 잡힌 관점으로 치료자를 보는 것이 평소보다 더 어렵다고 여깁니다. 우리 환자들이 이런 능력을 기르도록 도와주는 것이 중요합니다.

환자가 **대상항상성**을 기르도록 도우려면 우리가 무엇을 할 수 있을까요? 앞서 제시한 예시에서, 치료자는 회기와 회기 사이에 수잔이 고통을 느낄 때마다 치료를 받고 있는 상황을 상상해 보라고 제안할 수 있습니다. 나는 종종 환자에게 방해받지 않을 어떤 장소(예: 집에 혼자 있으면)에 있을 때 먼저 이렇게 한번 해 보라고 권합니다. 스트레스를 주는 상황 한가운데 있을 때 처음으로 이런 상상하기를 시도하기란 너무 힘들기 때문입니다. 그래서 나는 수잔에게 집에 있을 때 앉아서 (나와 함께 치료회기 동안과 똑같이 내 목소리가 과정을 안내하는 것을 듣는다고 상상하는 가운데) 자신의 감정상태를 상세히 기술해 보라고 (마음속으로 소리를 내거나 혹은 글로 써서) 제안할 것입니다. 수잔은 또한 이 과정의 한 부분으로 치료자에 대한 자신의 생각과 감정을 성찰할 수도 있습니다. 이런 연습을 통해 수잔이 치료자에 관한 부정적 표상 및 그것과 연관된 정서에만 전적으로 초점을 두는 대신, 치료자의 긍정적이고 마음을 진정시켜 주는 표상에 접근하도록 도와줌으로써 **대상항상성**을 발달시키도록 도울 수 있습니다. 물론 **대상항상성**을 발달시키는 주된 방식은 치료의 일관성 자체에 의한 것이고, 이와 함께 치료자에 대한 환자의 경험이 달라질 때 이를 반복적으로 탐색하는 것입니다.

　대상항상성이 결여되고 **편집–분열 자리** 경향이 있는 환자들은 흔히 미래에 대해 안심시켜 줄 때, 말하자면 그들에게도 미래가 있다고 안심시켜 줄 때 좋은 반응을 보입니다. **편집–분열 자리**에서는 박해와 멸절에 대한 과장된 두려움이 있음을 기억하세요. 일단 충분히 진정되도록 도움을 받고 나면, 환자는 **대상항상성**의 측면들을 강화하는 데 도움이 될 수 있는, 안심시켜 주는 말을 들을 수 있고 사용할 수 있습니다. 다음은 안심시켜 주는 말에 속합니다. "우리는 앞으로 시간이 많습니다. 오늘도 또 다음 몇 주 동안에도 당신이 원하는 만큼 충분히 상세하게 이것에 대해 살펴볼 수 있습니다." 그리고 "당신은 이와 같은 힘든 상황을 거쳤는데 매번 난관을 이겨 냈습니다." 이런 말들이 사람들을 얼마나 안심시켜 줄지 이해하실 수 있나요? 이 말들은 현실은 "지금 아니면 결코 안 돼(now or never), 하든지 아니면 죽든지(do or die), 전부 아니면 무(all-or-nothing)"가 아니라는 사실을 강조합니다. 환자 혼자서 이 상황을 헤쳐 나가는 것이 아니라 여러분이 함께할 것이고, 그녀가 헤쳐 나가도록 매주 도와줄 것입니다.

Chapter
12

치료에서
침묵과 지루함

치료자가 자신의 의제(agenda)를 치료회기에 부과하는 일을 피하는 것이 바람직하다는 데 대해서는 이미 언급한 바 있습니다. 또한 회기 시작 시점에서 환자가 준비가 되었을 때 말하기 시작하도록 두는 것에 대해서도 논의한 바 있습니다. 그런데 우리가 질문과 화제를 갖고 회기를 이끌어 가지 않는다면 침묵이 흐르는 순간이 올 수 있습니다. 이런 멈춤의 순간은 처음에는 환자와 초심 치료자 모두에게 어색하게 느껴질 수 있습니다. 하지만 시간이 지남에 따라 여러분은 침묵을 좀 더 편하게 느끼게 되고 이런 상황에서 여러분 자신이 느끼는 불안에 덜 집중하게 될 것입니다. 이로써 여러분은 좀 더 자유로워져서 멈춤의 순간 동안 환자의 정서에 초점을 맞출 수 있을 것입니다. 침묵은 그것이 발생한 맥락에 따라 실제로 어떤 유형의 정서와도 연결될 수 있습니다. 따라서 심지어 회기 중에 아무 말이 오가지 않을 때도 치료실에 흐르는 감정의 톤(emotional tone)을 주의 깊게 지켜보는 것이 중요합니다. 환자가 회기 내내(혹은 심지어 연달아 여러 회기 동안) 침묵을 지키는 것은 아주 드문 일입니다. 하지만 나는 흔치 않은 경우에 아주 심각한 대인관계 병리로 씨름하고 있던 사람들에게서 이렇게 몇 회기에 걸쳐 침묵을 지키는 경우를 본 적이 있습니다.

치료 시간에 치료자가 논의 주도하기를 피하라고 내가 제안하는 이유는 무엇일까요? 나는 앞서 치료자는 대체로 자신의 의제를 회기에 부과하기를 원치 않을 것이라고 언급한 바 있습니다. 왜 그럴까요? 치료자가 자신의 의제를 부과하지 않아야 환자가 회기로 가져오는 주제들을 치료자 자신의 욕구나 흥미 혹은 느낌으로 오염시키지 않으면서 더 명확하게 볼 수 있습니다. 이런 식으로, 회기 중 어떤 일이 일어나든지, 또 여러분이 어떤 감정적 반응을 갖든지 간에, 그것은 환자가 내놓은 주제와 감정을 반영하는 것임을 여러분은 좀 더 확신할 수 있습니다. 이것은 **투사적 동일시**와 관련된 중요한 치료적 가정을 나타냅니다. 즉, 회기 중 일어나는 여러분의 감정적 반응들은 전형적으로 특정 순간 환자의 경험과 그것이 여러분에게 미치는 영향을 반영한다는 것입니다. 다시 말하자면, 만약 내가 치료 중에 일어나고 있는 일에 대해 어떤 감정적 반응을 경험한다면, 내 정서적 상태의 전환(혹은 이러한 전환을 야기하는 대인 간 압력이 가해지고 있다는 나의 인식)이 치료실에서 환자에게 일어나고 있는 것과 연관되어 있다(이는 **투사적 동일시**를 반영함)고 나는 가정할 것입니다. 따라서 만약 내가 환자를 배려하는 감정을 느끼고 있다면, 환자는 더 강력한, 배려하는 느낌을 경험하고 있을 것이라고 추정할 수 있는데, 어떤 일이 일어났기에 환자가 이런 느낌을 경험하게 되었는지를 이해하려고 애쓸 것입니다. 내가 감정적으로 짜증이나 불안, 혼란 혹은 성애적 관심 쪽으로 쏠린다고 느낄 때에도 마찬가지입니다. 여러분은 이것이 지나친 가정이 아니냐고 의아해할지도 모릅니다. 그렇지만 나는 유능한 정신역동 치료자가 되기 위해서는 이런 가정을 하는 것이 중요하다고 주장할 것입니다. 심지어 더 나아가 치료에서 내가 하는 작업의 거의 대부분이 이 가정을 기반으로 한다고 말하겠습니다. 그렇지 않으면, 나는 일어나고 있는 일에 대한 나의 이해가 맞는지 끊임없이 사후 점검을 할지도 모릅니다. 그렇다고 해서 치료자인 우리 쪽에서 회기로 가져올 수도 있는 주제를 외면해야 한다는 말은 아닙니다. 만약 내가 치료실 밖의 어떤 개인적인 문제에 이미 압도되어 있거나, 혹은 회기 시작 전에 어떤 강력한 감정을 느끼고 있다면, 이로 인해 내 관점과 판단이 분명히 영향을 받을 것입니다. 이것은 **부정적 역전이**(negative countertransference)의 또 다른 예가 될 것입니다. 이 주제는 치료 중 일어나고 있는 일을 조망하는 편향된 필터를 만드는 것을 피하기 위해서 치료자가 '중성적인 감정 팔레트'를 갖고 매 회기에 들어가는 것이 중요하다는 점을 부각합니다. 치료자 자신의 삶에서 중요한 주제로서 치료에서 일어나는 것을 분명하게 보는 능력을 저해할 수 있는 주제들(즉, 잠재적인 **부정적 역전이** 주제)을 다루는 것도 분명히 중요합니다.

  흔히 치료자의 삶에는 치료에 악영향을 미칠 수 있는 특정한 '촉발 주제들(trigger issues)'이 있습니다. 이 촉발 주제들은 어떤 특정한 삶의 주제(예: 정치, 낙태, 종교)에 관한 자신의 견해에 대한 강력한 반응성이나 경직성부터 어떤 종류의 학대 이력에 이르기까지 광범위합니다. 이런 촉발 주제들이 치료에서 논의되면 그것은 마치 치료자가 갑자기 불투명한 안경을 쓰고 있어 모든 것이 어둡고 흐릿하게 보이는 것 같습니다. 이때 치료자는 객관성과 전망 및 판단력을 상실할 수도 있습니다. 우리는 누구나 우리 자신만의 촉발 주제를 가지고 있기 때문에 이 주제들이 어떤 것인지, 그리고 이것이 환자에게 미칠 잠재적으로 부정적인 영향이 무엇인지를 알아차리도록 노력하는 것이 매우 중요합니다. 요점을 말씀드리자면, 만약 여러분에게 어떤 한 개(혹은 두 개, 혹은 열 개)의 촉발 주제가 있다는 것을 알고 있다면 여러분은 그것을 다루고(예: 교육분석을 통해), 그것이 회기에 어떤 영향을 끼쳤는지를 슈퍼비전에서 탐색할 필요가 있다는 것입니다.

치료에서의 침묵이라는 주제로 되돌아오면, 때로 환자들은 치료 시간에 침묵한 채 앉아 있는 것은 시간 낭비가 아닌가 하고 의아해 할 것입니다. 이런 의문은 흥미가 섞인 걱정에서부터 명백한 분노에 이르기까지 많은 정서상태를 나타냅니다. 그러다 보니, 이런 질문에 대해 여러분이 어떻게 반응할지를 생각해 볼 때 언제나처럼 맥락을 고려하는 것이 좋습니다. 나는 종종 환자에게 침묵 속에 함께 앉아 있는 것이 사실은 유용한 어떤 일을 하고 있는 것이라고 안심시켜 줍니다. 내 말에 대해 환자는 그렇다면 집에서 그냥 혼자 말하지 않고 마음 편히 앉아 있겠다고 말할지도 모릅니다. 그러나 지금은 그런 경우가 아닙니다. 환자는 치료실에서 침묵하는 가운데 여러분과 함께 앉아 있습니다. 이것은 집에서 혼자 앉아 있는 것과는 전적으로 다른 경험입니다. 관계에서 침묵 견뎌 내기를 배우는 것은 그 자체로 중요한 기술입니다. 게다가, 치료에서 침묵의 기간은 흔히 상당한 양의 정서와 연결되어 있습니다. 나는 대체로 침묵에서 올라오는 정서[그리고(또는) 애초에 침묵으로 이끌었던 정서]를 드러내는 데 주의력을 집중합니다. 아울러, 나는 C.O.S.T. 접근법을 사용하여 침묵을 어떻게 이해해야 하는지를 생각하는 데 시간을 씁니다. 그런데 특이한 경우가 아니면 내가 먼저 침묵을 깨지는 않을 것입니다. 나는 대체로 침묵이 어디로 가는지 지켜보고 환자가 준비가 되고 또 원한다면 말하도록 기다리는 쪽을 선택할 것입니다. 만약 침묵의 시간이 길어지고 여러 회기에 걸쳐서 반복된다면 이것은 보통 치료적 진전에 대한 중대한 **저항**(resistance)[1]일 수 있습니다. 침묵이 일어나는 맥락과 패턴, 어쩌면 이것이 여러 회기에 걸쳐 발달한 것일 수도 있지만, 이것을 이해한다면 결국에는 침묵의 의미와 중요성을 밝혀낼 수 있을 것입니다.

치료회기에서 지루함(boredom)이 생기는 현상은 언제나 중요한 의미가 있습니다. 사람들은 때로 지루함을 감정의 부재 상태(the absence of emotion)로 개념화합니다. 나는 그렇지 않다고 주장합니다. 지루함은 오히려 '정서 누르기(crushing of emotion)'로 생각할 수 있습니다. 이것은 적극적이고 노력이 드는 과정입니다. 그렇지 않다면 왜 지루함이 그처럼 진을 빼는 상태로 느껴지겠습니까? 내

---

1) 저항은 환자가 의식적 그리고(또는) 무의식적으로 치료에 대항하는 것으로 정의할 수 있습니다.

가 만약 치료회기 중에 지루함을 느끼고 있음을 알아차린다면, 나는 이 관계에서 무슨 일이 일어나고 있는지(즉, **투사적 동일시를 통해서**)를 고려하고, 이것이 환자의 경험에 대해 무엇을 말해 주고 있는지를 살펴볼 것입니다. 나는 환자에 대한 나의 감정 반응에 특히 주목하고[H.O.R.S.E. 접근법의 '듣기(hear)'와 '관찰하기(observe)'에 추가하여] 환자가 어떤 감정을 피하거나 '누르려' 하는지를 드러내려고 애쓸 것입니다. 그리고 나서 의미의 네 가지 수준(즉, C.O.S.T. 접근법)에 따라 이것이 무엇을 의미하는지를 이해하려 할 것입니다. 이 단계들은 일반적으로 어떤 순간의 지루함과 연관된 중요한 주제들을 이해하는 데 도움이 됩니다.

사람들은 흔히 의식적으로나 무의식적으로 지루함을 주변 환경 탓으로 돌립니다(예: 지루한 강의, TV 쇼, 혹은 소설). 그리고 이것은 보통 짜증나는 느낌으로 이어집니다(예: 치료자에 대한 짜증). 이 때문에 짜증은 흔히 앞에서 논의한 의미의 네 가지 수준 가운데 한 가지 수준에서 다룰 필요가 있는 정서상태입니다. (수잔이 치료자한테 꽤 짜증낸 것을 여러분은 알아차렸습니까?) 다음은 이 주제와 연관되어 이루어질 수 있는 대화의 예시입니다.

치료자: 오늘 제게 말씀하시는데 좀 기운이 빠지신 것 같습니다. (**직면**) ("제게"라는 단어를 질문에 넣음으로써 환자가 자신의 느낌을 마치 진공 상태에서 존재하는 것처럼 말하기보다 치료관계의 맥락 안에서 자신의 느낌에 대해 말하는 데 도움을 줄 수 있다.)

수잔: 예, 그런 것 같아요. 언제나 저 혼자만 말한다는 느낌이 들어요. 그러니까 저는 선생님께 제 삶에 대해 모든 걸 얘기하는데, 선생님은 그저 앉

아서 듣고 있고 선생님 삶에 대해선 아무것도 말하지 않죠. 저는 선생님에 대해 하나도 몰라요. (그녀는 명확히 짜증이 난 어조로 말한다.)

치료자: 그렇군요. 이 관계에는 불균형이 있죠. 그 때문에 무척 짜증이 나시나 봅니다. (**직면**)

수잔: 말씀하신 것처럼. 균형이 안 맞아요.

치료자: 지금 느끼고 있는 짜증에 대해 말씀해 주세요. (**명료화**)

이 대화에서 치료자와의 관계[즉, C.O.S.T.의 'T(치료자)']에 대해 수잔이 전달하려는 것은 무엇일까요? 수잔은 치료관계가 너무 '한쪽으로 치우쳐' 있다고 지각하고 있음을 말합니다. 그녀의 발언은 치료자에 대한 화를 전하는데, 그녀는 치료자를 거부하고 원하는 것을 주지 않고 보유하고 있는 권위 인물로 보고 있는 것 같습니다ㅡ이것은 그녀의 연관된 **대상표상**입니다. 그렇다면 치료자가 수잔의 짜증에 대해 언급하고 이것을 좀 더 탐색하는 것은 이치에 맞는 일입니다.

이 상황에서 고려할 수 있는 또 다른 선택지는 수잔이 치료자에 대한 호기심을 갖게 되었다는 점에 초점을 두는 것입니다. 이렇게 늘어난 관심은 애착에 대한 욕망이 커지고 있음을 나타냅니다. 그런데 애착에 대한 이러한 갈망과 관련된 정서는 어디에 있을까요? 이 정서는 수잔의 화에 가려서 흐려진 것 같습니다. 수잔은 자기가 한 말이 암시하는, 기저에 있는 애착욕구를 알아차리지 못하고 있을 가능성이 큽니다. 수잔의 화는 애착욕구에 대해 '방어하는' 것으로 볼 수 있는데, 이 욕구는 처음에는 이것에 대해 생각하고 말하려면 많은 환자가 압도당하는 느낌을 받을 수 있습니다.[2] 따라서 치료자에 대한 수잔의 높아진 호기심에 초점을 맞추는 것이 이 상황에서는 더 강렬하고 불안을 일으키는 개입이 될 수 있다고 예상할 수 있습니다. 다음은 치료자에 대한 호기심에 초점을 맞췄다면 대화가 어떻게 진행될 수 있는지를 보여 주는 예시입니다.

치료자: 오늘 제게 말씀하시는데 좀 기운이 빠지신 것 같습니다. (**직면**) ("제게"라는 단어를 질문에 넣음으로써 환자가 자신의 느낌을 마치 진공 상태에서 존재하는 것처럼 말하기보다 치료관계의 맥락 안에서 자신의 느낌에 대해 말하는 데 도움을 줄 수 있다.)

수잔: 예, 그런 것 같아요. 언제나 저 혼자만 말한다는 느낌이 들어요. 그러니까 저는 선생님께 제 삶에 대해 모든 걸 얘기하는데, 선생님은 그저 앉아서 듣고 있고 선생님 삶에 대해선 아무 것도 말하지 않죠. 저는 선생님에 대해 하나도 몰라요. (그녀는 명확히 짜증이 난 어조로 말한다.)

치료자: 그렇군요. 이 관계에는 불균형이 있죠. 그 때문에 무척 짜증이 나시나 봅니다. 그런데 그것 말고도 다른 뭔가가 있는 게 아닌가 궁금합니다. 이것은 또한 저와 저의 사생활에 대해 약간 호기심을 갖게 되었다고 말씀하시는 게 아닌가 궁금합니다. (**직면**)

수잔: 글쎄요, 그럴지도요. 하지만 그렇더라도 제가 선생님에 관해서 그렇게 많이 알고 싶어 하는 건지는 잘 모르겠어요.

치료자: 알고 싶기도 하지만 알고 싶지 않기도 한가 봅니다. (**직면**)

수잔: 맞아요. (앉은 자세를 고친다.)

---

2) 이것은 피상적인 '화가 난' 대상관계 단위로서, 그 기저의 압도감을 주는 '애착을 갈구하는' 대상관계 단위에 대해 방어하고 있다고 볼 수 있습니다. 여러분은 이와 관련된 자기표상과 대상표상을 개념화할 수 있습니까?

치료자: 자, 당신은 이제 몇 주째 여기에 오고 있고, 우리는 당신이 겪었던 다른 관계와는 다른 방식으로 당신의 삶과 감정에 대해 얘기를 나누어 왔어요. 여기에 대해 어떤 감정을 갖는 것은 아주 정상적이라고 저는 생각합니다. 그리고 그런 감정들은 때로 상당히 강렬할 수 있습니다. 조금 전에 기운이 빠지는 느낌이 들었다는 데 동의하셨습니다. 저에 관한 호기심에 대해 불편함이나 짜증을 느끼는 걸 피하는 방식으로 기운 빠진 느낌이 드는 게 아닌지 궁금합니다. 특히 당신이 지적했던 것처럼 이 관계의 불균형을 감안하면 말입니다. (**해석**)

수잔: 어쩌면 그럴지도…… 제가 짜증 같은 것을 느끼고 있었다는 생각이 들어요. 치료자 선생님에 대해 좀 더 알게 되는 데 제가 관심이 있을 수도 있다고 생각하니 사실 좀 이상해요. 모든 게 좀 혼란스러워요. (앉은 자리에서 안절부절못하고 있고 약간 불안해 보인다.)

치료자: 좀 혼란스러운 일일 수 있죠. 말씀드린 대로, 당신이 경험하고 있는 호기심은 아주 정상적인 것이라고 생각합니다. 그것에 대해 말하는 게 당신에게는 쉬운 일이 아니라는 걸 저는 이해할 수 있습니다. 좀 불편해 보이십니다. (**직면**) 지금 기분이 어떠신지 말씀해 주세요. (**명료화**) (수잔은 이어서 불안을 상세하게 기술하고 몇 분 안에 좀 더 진정되는 느낌을 갖기 시작한다.)

여러분은 이 경로가 수잔에게 더 많은 불안을 야기했다는 것을 볼 수 있습니다. 이것은 분노·좌절에 대해 말하는 것이 커지고 있는 애착감정을 논의하는 것보다 대부분의 사람들에게 훨씬 더 흔하고 친숙하기 때문인 것 같습니다. 후자는 훨씬 더 많은 불안을 일으킬 수 있습니다. 치료자들은 반복해서 환자의 화에 초점을 두고 그 기저에 있는 긍정적인 느낌을 무시함으로써 저항이 가장 적은 길을 선택하고 싶은 유혹을 자주 느낍니다. 그런데 이 유혹을 알아차려야 함정을 피할 수 있습니다. 이에 대해 생각해 볼 수 있는 한 가지 방식(환자들과 이것을 논의할 때 나는 자주 이 설명을 기본으로 조금씩 말을 바꾸어 사용합니다)은 많은 환자가 분노나 자기비난 같은 좀 더 부정적인 감정에 관한 한 이미 전문가라는 사실입니다. 내가 보기에, 이들은 더 긍정적이고 배려하는·사랑하는 감정을 경험하고 이에 대해 말하는 데 있어서 도움을 필요로 하지만, 부정적인 감정에 관해서는 아마도 추가적인 도움을 필요로 하지 않는다는 것입니다.

환자들은 성숙하고 좋아하는 관계를 형성하고 유지하는 데 있어서 우리의 안내와 도움을 필요로 합니다. 여기에서 큰 역할을 차지하는 경험은 환자가 자신이 좋아하는 사람과 함께 자신의 좋아하는 감정에 대해 말하는 것을 편안하게 여기게 되는 것입니다. 초반에 환자들은 흔히 부정적인 감정에 더 초점을 맞출 것입니다. 이것의 부분적인 이유는 부정적인 감정이 너무 자주 이들의 감정상태를 지배하기 때문입니다. 그런데 부정적 감정 기저의 애착감정이 생겨남에 따라 대부분의 환자들은 자신의 독특한 양식의 관계병리를 회기에서 점점 더 많이 드러낼 것입니다. 애착감정이 점점 더 강력해짐에 따라, 다른 관계에서 문제를 일으키는 것처럼 보이는 것은 무엇이든 치료관계에도 점점 더 많이 영향을 미칠 것입니다. 이것은 치료에서 정상적이고 예상되는 상황 전개입니다. 이것이 치료에서 논의해야 할 주제를 치료자가 좌지우지하지 말아야 할 중요한 이유입니다. 주제들은 언제나 어떤 식으로든 그 모습을 드러내게 되어 있습니다.[3] 환자가 치료에서 진전을 보이고 자신의 갈구함을 견뎌 내는 힘을 기르게 됨에 따라, 이들은 자신의 좋아하는 감정을 경험하고 기술하는 데 점점 더 초점을 맞출 수 있습니다. 이것은 일반적으로 치료실 밖 관계에서 경험하는 좋아하는 감정을 논의하고 기술하는(좀 더 쉬운) 데서부터 치료관계 맥락에서 경험하는 좋아하는 감정을 논의하는 것에 대한 편안함을 기르는 쪽(즉, 제4수준의 의미에 더 초점 두기)으로 나아갑니다. 환자가 압도적인 불안을 경험하지 않고, 또 병리적인 상호작용 양식을 도입하지 않으면서(예: 치료자에 대한 **이상화**[idealization] 혹은 병리적 **투사적 동일시**의 사용) 단도직입적이고 건강한 방식으로 이렇게 할 수 있다면, 나는 보통 이것을 진전을 나타내는 강력한 지표로 여깁니다. 따라서 환자들이 주로 부정적인 정서상태(예: 좌절 · 분노, 자기혐오)에 초점을 두는 데서 주로 긍정적인 정서상태(예: 애정 · 배려의 감정)로 옮기도록 돕는 것을 중요한 치료목표로 포함시켜야 합니다. 더구나, 환자가 그런 감정을 느끼는 사람(즉, 치료자)과 그 당시에 그런 느낌을 논의하는 데 대해 편안해질 수 있도록 서두르지 않고 점진적으로 돕는 것이 중요합니다. 일단 환자가 자신에게 개방적이고 단도직입적이며 솔직하면서도 치료관계의 경계를 존중하는 치료자와 함께 성숙하고 배려하는 관계를 형성할 수 있다면, 다른 관계에서도 그렇게 할 수 있는 능력을 길렀을 가능성이 높습니다.

---

3) 이것은 심적 결정론(psychic determinism)이라고 불리는 기본적인 정신역동 개념과 연관되어 있습니다. 이 개념에 따르면, 어떤 사람의 행동과 개인내적 과정들은 결코 무작위적이나 우연에 의한 것이 아니라 과거 경험의 결과로 존재하는 무의식적인 힘에 불가분하게 연결되어 있는 것이라고 봅니다.

하지만 환자가 좀 더 긍정적인 감정에 초점을 맞추도록 돕는 쪽으로 전환하는 일은 점진적으로, 그리고 좋아하는 강한 감정을 견뎌 내고 명료하게 말로 표현할 수 있는 환자의 능력에 맞게 진행될 필요가 있다고 나는 제안합니다. 여러분은 환자 개개인의 독특한 속도(pace)에 보조를 맞추는 이러한 기술을 시간을 두고 발달시켜야 할 것입니다. 이 주제를 밀어붙인다면 환자는 압도당하고 과도하게 불안감을 느낄 수 있습니다. 심지어 보상기전상실 상태가 되거나 혹은 치료를 중도에 그만둘 수도 있습니다. 그런데 너무 느리게 진행하면 치료가 침체되거나 혹은 부정적인 감정에 초점을 맞추는 습관이 더 굳어질 수도 있습니다.

긍정적이고 좋아하는 감정에 초점을 맞추는 것은 흔히 불안을 높이기 때문에 환자가 이런 상황에서 진정하도록 여러분이 도움을 줄 준비가 되어 있어야 합니다. 이렇게 하려면 해당 회기에서 어느 정도 시간이 걸릴 수 있습니다. 여러분이 짐작할 수 있겠지만, 일반적으로 회기가 끝나기 직전에 불안을 불러일으키는 이런 소재에 초점을 두는 것은 바람직하지 않습니다.

Chapter
13

치료에서
일어나는 **갈구함**

이전의 여러 장에서 일부 예시들을 논의할 때 내가 갈구함(neediness)에 대해 언급했던 것을 여러분은 기억할 것입니다. 환자들이 관계에서 갈구함에 어떻게 대처하는지를 이해하고 다루는 것은 **대상관계** 치료의 아주 중요한 부분입니다. 내가 만났던 환자들 대다수가 관계에서 자신의 갈구함을 견뎌 내는 데 상당히 큰 어려움이 있었습니다. 이 주제는 다양한 방식으로 반복해서 나타나는 듯합니다. 만약 환자가 자신이 다른 사람을 필요로 한다는 사실을 견디지 못한다면, 관계를 갖는 것을 어떻게 견뎌 낼 수 있겠습니까? 타인을 필요로 한다는 것 자체는 일반적으로 문제가 아닙니다. 성숙하고 사랑하는 모든 관계는 갈구함의 느낌을 수반합니다. 문제가 발생하는 것은 수반된 감정의 취약함과 강렬함을 사람들이 견뎌 내지 못할 때입니다. 그래서 환자들이 자신의 갈구함의 깊이와 타인에게 있다고 지각되는 갈구함을 모두 견뎌 내는 법을 배우도록 돕는 일이 아주 중요합니다.

제10장 '투사적 동일시'에서 수잔과 치료자의 대화를 살펴보면서 갈구함에 대해 논의한 바 있습니다. 기억을 떠올려 보시면, 그 대화에서 치료자가 수잔의 지각에 대해 언급했을 때 그녀는 화를 냈습니다. 우리는 의미의 제2수준에서 제4수준까지의 관점에서 수잔의 갈구함을 논의했습니다. 이 예시는 갈구함에 대한 수잔의 반응이 그것을 공격하는 것임을 보여 주었습니다. 이것은 아주 흔한 반응입니다. 이러한 경향이 어떻게 발달과정에서 생길 수 있는지를 생각해 보면, 양육자가 아이의 욕구를 충족시켜 주지 않을 때 아이는 양육자(자신의 생존을 위해 의존하는 사람)를 경멸하기보다 오히려 자신의 갈구함을 경멸하거나 부인하는 경향을 보이는 상황을 그려 볼 수 있습니다. 이것은 이해가 되는 상황입니다.

여러분이 치료관계에서 갈구함을 알아차리고 환자들이 자기 안의 갈구함과 다른 사람의 갈구함 표현에 어떻게 반응하는지를 관찰하는 것이 중요합니다. 이때 다음과 같은 질문을 던져 보십시오. 환자는 지금 이 관계에서 갈구하는 사람이 누구라고 지각하고 있습니까? 이에 대해 환자는 어떤 반응을 보이고 있습니까? 갈구함을 공격하는 경향을 보입니까? 환자는 자신의 갈구함을 의식적으로 알아차립니까? 혹은 갈구함이 너무 견디기 힘들어 그것을 의식적인 자각의 범위 밖에 두고 있습니까? 환자가 갈구함에 반응하는 방식과 강도는 환자가 취약함을 보이는 대인관계 병리의 정도를 나타냅니다.

이렇게 치료관계에서 환자가 갈구함을 견뎌 내는 데 어려움을 겪고 있음을 여러분이 알아차리면 그 다음에는 어떻게 하겠습니까? 갈구함에 대한 반응에 관하여 환자가 무엇을 전달하고 있는지를 밝히기 위해 H.O.R.S.E. 접근법 (환자에 대한 여러분의 감정 반응에 각별한 주의 기울이기를 기억하면서)을 사용하고, (C.O.S.T. 접근법을 사용하여) 이것에 대한 이해를 구성하며, 또한 환자가 관계에서 갈구함을 경험하기 힘들어한다는 것을 의식적으로 알아차리도록 **직면**과 **해석** 둘 다 혹은 이 중 한 가지를 사용하라고 제안하고 싶습니다.

여러분이 이것을 해결하는 경험을 서서히 쌓아 가고 있는 동안에는 환자의 정서상태를 다루는 것이 언제나 그렇듯 유용한 임시 방책입니다. 회기를 마친 후 주어진 상황에 대해 다양한 관점에서 생각해 보고 여러분이 택할 수 있었던 다른 대안들을 고려해 볼 수 있도록 상황을 좀 더 잘게 나누어 보라고(되도록이면 슈퍼바이저와 함께) 제안하고 싶습니다. 이처럼 상황 재검토하기를 수없이 많이 하다 보면 회기 중에 어떤 일이 일어나고 있는지를 더 잘 이해하기 시작할 것입니다. 그리고 이렇게 되면, 회기가 격렬하게 진행 중일 때도 여러분이 선택할 수 있는 대안들을 좀 더 분명하게 보기 시작할 것입니다. 상황을 잘게 나누어 보기를 연습하기 위해 수잔과의 대화에서 또 다른 갈구함의 예를 살펴봅시다.

수잔: 이런 게 저한테 어떻게 도움이 된다는 건지 잘 모르겠어요. 제가 무슨 말을 하길 원하시는지 모르겠어요. 이게 어디로 가고 있는지 도무지 알 수 없어요. 이게 어떻게 저한테 도움이 된다는 건지 말씀해 주실 수 있

으세요? (수잔은 짜증난 어조로 묻는다.)

치료자: 짜증이 나신 것처럼 들립니다. 그리고 치료가 어디로 가고 있는지가 불확실하다고 말씀하시네요. **(직면)** 질문에 답하기 전에, 당신에게 무슨 일이 일어나고 있는지, 또 걱정하시는 것의 이면에 뭐가 있는지를 더 이해하는 것이 저한테 도움이 될 것 같습니다. 이 부분에 대해 말씀해 주십시오. **(명료화)**

수잔: 그러니까 제가 매주 여기 오고 있는데 무슨 말을 해야 하는지도 모르고 있어요. 선생님은 정말 별로 말씀을 많이 하지 않거나, 제가 어떤 작업을 해야 하는지 말해 주시지 않죠. 치료라는 게 그저 제가 여기 와서 어떤 것이든 말하는 거라면 저는 친구들과도 그렇게 할 수 있어요.

치료자: 알겠습니다. 그래서 여기 와서 저한테 얘기하시는 게 친구들과 얘기하는 것과 똑같다고 느껴지신다는 건가요? **(명료화)**

수잔: 예…… 그러니까, 아뇨. 꼭 그렇진 않아요. 조금은 다른 것 같네요.

치료자: 어떻게 다르다는 말씀이신가요? **(명료화)**

수잔: 그러니까, 제 친구들하고 얘기할 땐 친구들이 자기 삶에 대해서도 얘기하죠. 선생님은 말씀을 많이 하시지 않죠. 그러니까, 그건 아니네요, 선생님도 말씀을 하시긴 하네요. 근데 제 친구들과 할 때와는 달라요. 여기선 보통 우리는 결국 제 감정에 대해 얘기하게 되죠.

치료자: 그렇군요. 어쩌면 이 치료가 어디로 가고 있느냐는 당신의 물음에 스스로 답하셨다는 생각이 드네요. 치료는 당신의 느낌을 향해 나아가는 것 같다고 이미 알아차리셨네요. 그리고 느낌에 대해 말하는 건 쉬운 일이 아니죠. 특히 느낌을 경험하고 있는 동안에는 더 쉽지 않죠. **(직면)**

수잔: 네, 그래요. 때론 강렬한 편이죠. 근데 저의 일상적인 관계에서도 느낌에 대해 말할 수 있다면 좋겠다는 생각이 들어요.

　이 대화를 함께 살펴봅시다. 수잔은 꽤 예리한 질문을 던지고 있습니다. 이런 질문은 치료자를 곤혹스러운 상황에 처하게 만들 수 있습니다. 이것은 꽤 공격적인 행동으로 보일 수 있습니다. 수잔은 불편감과 긴박감, 좌절감을 투사하고 있습니다. 치료자는 수잔의 짜증에 대해 언급하고 치료에서 불확실성이라는 주제를 다른 말로 바꾸어 진술하면서, 그것이 수잔이 느낀 성마름의 감정과 연결되어 있을 가능성을 암시합니다. 치료자가 수잔의 질문에 곧바로 답하지 않는 쪽을 택하고 수잔에게 **명료화**를 요청했다는 점을 주목하십시오. 치료자는 이처럼 시간을 들여 그 상황을 더 잘 이해하기로 하고, "당장 질문에 답해 달라!"라는 투사된 긴박감에 반사적으로 반응하지 않았습니다. 그러자 수잔은 치료시간에 무슨 말을 해야 하는지에 대한 치료자의 안내가 부족하다는 자신의 지각을 언급합니다. 수잔의 갈구함의 느낌―그녀는 치료자가 안내를 해 주지 않고 있다고 지각하는데 그 안내에 대한 갈구함―때문에 이것이 불안과 짜증을 불러일으키는 것은 당연한 일입니다. 수잔은 치료가 자기 친구들과 함께 얘기하는 것과 별반 차이가 없다고 하면서 치료(그리고 치료자)를 공격합니다. 수잔의 화는 앞 장에서 논의했던 그녀의 **자기표상** 및 **대상표상**과 연결됩니다. 즉, 수잔이 그녀와 거리를 두고 그녀가 원하는 것을 주지 않고 보유하고 있는 권위 인물에 의해 무시당하는 희생자로 자신을 지각하고 있는 것과 연결됩니다. 치료자가 던진 **명료화** 질문들은 이러한 **자기표상**과 **대상표상**이 부정확하다는 것을 생각해 보도록 이끕니다. 수잔은 치료자와 친구들과의 관계 간의 차이점을 알아차립니다. 그리고 치료자가 자신의 느낌에 아주 세심한 주의를 기울이고 있음을 깨닫기 시작합니다. 이것은 수잔에게 압도감을 주면서도 동시에 바람직한 것이기도 합니다. 다른 관계에서도 자신의 느낌에 대해 얘기할 수 있다면 얼마나 좋을까라는 그녀의 발언이 그 증거입니다. 그러자 치료자는 제3수준의 의미[즉, C.O.S.T.의 'S(자기)']에 초점을 맞춥니다. 느낌이 일어나는 순간에 그것에 대해 말하는 것이 수잔에게 얼마나 어려운가에 대해 언급하면서 그녀를 안심시켜 줍니다(**직면**을 통해서). 수잔의 분투를 인정해 주는 이 말은 치료적 라포의 심화를 증진할 것입니다.[1]

이 대화 전체를 두고 보면, 수잔은 치료자의 안내가 부족하다고 지각하고 이에 대해 기분이 좋지 않은 상태인 것 같습니다. 그녀는 치료자가 회기 중에 "더 많이 주고" 더 많이 노출하기를 원하는 것처럼 보입니다. 이러한 욕망은 커지고 있는 애착감정과 치료자와 감정을 나누고자 하는 소망을 나타냅니다. 수잔은 커지고 있는 치료자에 대한 그녀의 감정이 그녀에 대한 치료자의 감정보다 더 강렬하다는 것을 감지했을지도 모르는데, 이것은 정확한 지각일 것입니다. 점점 커지고 있는 애착감정과 거리를 두면서 원하는 것을 주지 않고 보유하고 있는 사람으로 치료자를 경험하는 경향성이 서로 결합된 결과가 수잔이 경험하고 있는 갈구함입니다. 만약 치료자가 제4수준의 의미(즉, 환자와 치료자의 관계)에 좀 더 분명하게 초점을 맞추려 한다면, 다음을 논의할 수 있습니다. (1) 관계에서의 불균형에 대한 수잔의 피상적인 분노 반응, (2) 그 기저에 있는 치료자에 대한 애착욕망, 혹은 (3) 둘 다입니다. 이 세 가지 모두 치료

---

1) 이것은 공감을 전달하기 위해 직면을 사용하는 방법을 보여 주는 예시입니다.

관계에서 일어나고 있는 것에 대한 더 강렬하고 직접적인 논의를 포함할 것입니다. 앞의 대화에서 일부를 택하여 이 세 가지 중 첫 번째에 초점을 맞출 때 어떤 결과가 나타나는지 살펴봅시다.

> **수잔**: 그러니까 제가 매주 여기 오고 있는데 무슨 말을 해야 하는지도 모르고 있어요. 선생님은 정말 별로 말씀을 많이 하지 않거나, 제가 어떤 작업을 해야 하는지 말해 주시지 않죠. 치료라는 게 그저 제가 여기 와서 어떤 것이든 말하는 거라면 친구들과도 그렇게 할 수 있어요.
>
> **치료자**: 당신은 저를 거리를 두고 원하는 걸 주지 않고 보유하고 있는 사람으로 경험하고 계신 것 같습니다. 어릴 적 당신의 아버지가 당신을 이런 식으로 대했다고 말씀하셨는데, 그것과 아주 비슷하죠. 그렇다면 당신은 이 관계에서 홀로 있다는 느낌이 들겠다 싶어요. 그래서 당신이 저한테 짜증을 느끼고 있는 게 이해가 됩니다. **(해석)**
>
> **수잔**: 좀 짜증나는 일이죠. 전 선생님에 대해 아는 게 없어요. 또 선생님이 저에 대해 뭘 적고 있는지도 전혀 몰라요.
>
> **치료자**: 당신의 마음 한편에서는 제가 당신에 대해 어떻게 생각하는지를 알고 싶어 하시는 것처럼 들립니다. **(직면)**
>
> **수잔**: 예…… 그러니까…… 선생님이 적어 두신 걸 볼 수 있다면 사양하지 않겠어요.
>
> **치료자**: 제가 당신에 대해 어떻게 생각하는지 알고 싶어 하시지만, 저와 직접적으로 그것에 대해 얘기하기보다는 제가 적어 둔 걸 읽고 알아내는 쪽을 더 좋아하신다는 거죠. **(직면)** 그 마음이 이해가 됩니다. 그것에 대해 직접적으로 얘기하면 더 강렬한 감정이 일어날 수 있죠. **(해석)**
>
> **수잔**: (침묵, 다소 불안해 보인다.)

이 버전의 대화에서는 수잔이 치료관계에서 갈구함을 표현함에
따라 치료자는 수잔의 **대상표상**(즉, 그녀와 거리를 두면서 그녀가 원
하는 것을 주지 않고 보유하고 있는 사람으로 치료자를 보는 것)을 확인
하고 짜증난 정서상태와의 연관성을 제안하려고 (**공감적 타당화**와 함
께) **해석**을 사용했습니다. 제4수준의 의미에서 보면 치료자의 회기
기록을 읽고 싶다는 수잔의 요청은 개방적인 논의에 참여하지 않
고도 그녀에 대한 치료자의 생각과 느낌을 알아낼 수 있는 하나의
방법으로 볼 수 있습니다. 여러분은 이것을 이해하시겠습니까? 이
에 대한 치료자의 **해석**은 수잔이 커지는 애착의 강렬함을 좀 더 의
식적으로 알아차리게 하는 촉발제가 되었을 것입니다. 이것은 수
잔이 그 후에 보인 불안과 불편함으로 이어졌을 것으로 이해됩니
다. 왜냐하면 애착감정은 흔히 불안을 유발하고 압도적인 감정으
로 경험되기 때문입니다. 수잔이 경험하고 있던 불편감은 커지고
있는 그녀의 애착감정을 치료자가 '볼' 수 있음을 그녀가 알아차린
것과 관련되어 있다고 추측해 볼 수 있습니다. 이 시점에서 치료자
는 수잔이 불안을 누그러뜨리고 좋아하는 감정을 견뎌 내는 힘을
기르도록 도우려는 의도로 그녀에게 감정상태를 상세히 기술해 달
라고 요청할 수도 있었습니다. 만약 수잔이 과도한 불안을 보이지
않고 강렬한 감정에 관한 치료자의 해석을 받아들였다면, 치료자
는 애착감정과 치료자에게 배려받고 싶은 욕망에 대해 좀 더 말하
도록 요청했을 수도 있습니다. 어쩌면 여러분이 알아차렸을 수도
있지만, 앞 장에서와 마찬가지로, 수잔의 좀 더 피상적이고 화가 난
감정은 그 기저에 있는 치료자에 대한 애착의 욕망을 '감추거나' 혹
은 이에 대해 방어하는 것으로 보입니다. 여러분은 이것을 환자에

게 보여 주고 설명하는 어떤 **해석**을 생각해 볼 수 있습니까?

　갈구함과 사랑하는 · 좋아하는 감정 간에는 연관성이 있다는 것이 앞의 논의에서 명확해졌기를 바랍니다. 어떤 환자들은 갈구함에 대해 분노로 반응하고, 또 어떤 환자들은 불안으로 반응합니다. 고통이 너무 강렬해지면 환자는 갈구함의 경험을 의식적인 자각의 범위 밖에 두려고 **방어기제**를 사용할 수 있습니다. 나는 자주 환자들에게 관계에서 느끼는 갈구함의 깊이는 사랑하는 · 좋아하는 감정을 경험할 수 있는 능력을 나타낸다고 말해 줍니다. 마찬가지로, 갈구함을 공격하거나 피하는 것은 사랑의 감정을 경험하는 능력을 공격하거나 피하는 것으로 볼 수 있습니다. 환자가 자신의 갈구함과 취약성의 깊이를 더 잘 견뎌 내고 수용하도록 우리가 도울 수 있다면, 더 건강하고 더 만족스러운 관계를 만드는 데 흔히 걸림돌이 되는 장애물을 극복하도록 도움을 줄 수 있습니다.

Chapter
14

보상기전상실의
가능성 다루기

보상기전상실(decompensation)은 환자의 기능이 저하된 상태로 정의할 수 있습니다. 환자의 기능은 치료회기 중에, 치료실 밖에서, 혹은 이 두 영역 모두에서 저하될 수 있습니다. 보상기전상실은 다양한 이유로 일어날 수 있고 이 때문에 다양한 양상으로 나타날 수 있습니다. 심리치료 자체나 치료 외적인 생활상의 문제(예: 의학적 질환, 실직에 의한 과도한 스트레스, 가족 구성원의 죽음), 혹은 이 두 가지 모두와 관련된 어떤 주제가 그 원인으로 작용할 수 있습니다. 이때 환자는 치료를 방해할 수 있는 미숙하고 건강하지 않은 **방어기제**를 사용하기 시작하거나 혹은 이미 그러한 방어기제를 사용하고 있었다면 그 사용을 확대할 수 있습니다. 불안증상이나 우울증상, 혹은 정신증적 증상이 발현해서 진행 중인 심리치료의 방식을 바꾸거나 심리치료를 종료해야 할 필요성이 있을 수도 있습니다. 다음 예시에서 치료자는 수잔에게 우울삽화가 발현하고 있는 것이 아닌지 탐색하고 있습니다.

(회기를 시작하려고 수잔이 자리에 앉는다. 말을 꺼내기 전 수잔은 약 30초 동안 침묵을 지킨다.)

수잔: 그러니까, 이번 주는 아주 엉망이었어요.

치료자: (침묵을 지킨다.)

수잔: 한 주 내내 정말 진이 빠지는 느낌이 들었어요. 외출도 별로 안 했고요. 그럴 마음이 전혀 안 들었거든요. 어젯밤에는 남자친구에게 만나고 싶은 기분이 아니라고 말했어요.

치료자: 힘든 한 주였다는 말씀으로 들립니다. 그것에 대해 다 말씀해 주십시오. ("엉망이었던 한 주", 피로, 그리고 흥미 저하 가능성의 조합이 우울삽화의 발현을 암시하는 것이 아닌지 궁금해한다.)

수잔: 그냥 집에만 있으면서 시간을 보냈어요. 그다지 뭘 하고 싶은 마음이 들지 않았어요.

치료자: 진이 빠지는 느낌이었고 흥미가 떨어지는 걸 경험했다고 말씀하셨죠. 또 다른 변화를 알아차리지는 않으셨나요?

수잔: 아뇨, 제가 알기로는 없어요.

치료자: 지난 한 주 동안 기분은 어땠다고 보십니까?

수잔: 그러니까, 지난 주말부터 기분이 안 좋았어요. 남자친구가 토요일 저녁에 전화하기로 되어 있었는데 안 했어요. 그게 시작점이었어요.

치료자: 그렇군요. 그 일이 당신의 기분에 어떤 영향을 줬나요?

수잔: 많이 화가 났고 한동안 패닉 상태였어요. 지금은 그때만큼 저를 힘들게 하는 건 아니에요. 그래도 여전히 기분은 좀 안 좋아요.

치료자: 그러니까 당신은 그 일 때문에 처음에는 많이 힘들어 했는데 차차 나아지고 있다는 말씀인 것 같네요. 제가 맞게 이해했나요?

수잔: 그런 것 같아요. 그렇지만 며칠 동안 그저 아무것도 하고 싶지 않았어요.

치료자: 식욕에서 어떤 변화는 없었나요?

수잔: 네, 별로 없었어요. 오히려, 식욕이 너무 좋다는 거죠. (웃음)

치료자: 당신의 에너지는 어땠습니까?

수잔: 제 에너지는 언제나 좀 낮았어요.

치료자: 최근에 에너지에 어떤 변화가 있었던 것 같습니까?

수잔: 그렇진 않은 것 같아요.

치료자: 최근에 수면에는 어떤 변화가 있었습니까?

수잔: 아뇨, 수면은 괜찮아요.

치료자: 목요일 밤 제프와의 문제에 대해 어떻게 반응하셨는지 좀 더 말해 주실 수 있을까요?

수잔: 그러니까, 저는 거의 제정신이 아니었어요. 남자친구가 더 이상 나한테 관심이 없다는 건가 아니면 날 버리려고 계획하고 있는가 하는 생각이 들었어요. 저는 울었고 아주 기분이 안 좋았어요.

치료자: 상황이 아주 안 좋아지니까 살아서 뭐 하나 하는 생각이 들지는 않았나요?

수잔: 아, 아뇨, 그런 것은 전혀 없었습니다.

치료자: 자해했다거나 혹은 자해할 생각은 안 드셨나요?

수잔: 아니, 아니에요. 그런 건 전혀 없었어요. 저는 사실 오늘 꽤 기분이 좋아진 느낌이 들어요. 제프가 이틀 전에 저한테 전화하게 됐고 모든 게 정

리가 됐어요. 실제로 좀 오해가 있었어요. 그렇지만 저는 지금 조용히 지
내고 있어요. 남자친구도 만나지 않고 피하고 있어요. 전에도 제가 이렇
게 한 적이 있는데요. 왜 그러는지 이유를 정말 모르겠어요. 어쩌면 선생
님은 아시지 않을까 싶었어요.

치료자: 그 이면에 있는 게 뭔지 우리가 같이 이해하려고 노력할 수 있을 거예
요. 제프와 있었던 상황과 그를 피해야겠다는 당신의 결정에 대해 지금
좀 더 얘기해 주시겠습니까?

이 대화 예시는 치료를 위협할 수도 있는 주제(임상적 우울삽화로
발전해 가는 것과 같은)에 대해서 일반적으로 치료자가 즉각적으로
관심을 기울일 필요가 있음을 보여 줍니다. 이때 흔히 치료자는 일
시적으로 좀 더 지시적인 접근으로 전환할 필요가 있습니다. 그렇
게 하는 이유는 문제와 그것이 치료에 미칠 잠재적인 영향을 명확
하게 이해하기 위해서입니다. 이것은 관련된 주제를 충분히 이해
할 때까지 통상적으로 환자를 따라가는 치료의 전개를 유보할 수
있다는 뜻입니다. 이 예시에서 치료자는 잠재적인 우울증상에 관
해 여러 개의 구체적인 질문을 던졌습니다. 수잔이 진행 중인 우울
삽화를 경험하는 것은 아님이 분명해짐(신경생리학적 우울증상과 관
련해서 변화가 없다는 점에서)에 따라, 치료자는 수잔의 내면 세계에
대한 관찰을 촉진하는 작업으로 되돌아가기 전에 어떤 잠재적인
안전주제가 없는지 명료화했습니다.

보상기전상실을 다룰 때는 어떤 중대한 안전주제(예: 자해, 자살
또는 살해 사고나 의도, 또는 계획)나 혹은 응급한 의료조치가 필요한
사안의 현재 상태를 확인해 보는 것이 특히 중요합니다. 이 주제들

을 제대로 이해하고 다룰 때까지 치료 자체를 일시적으로 보류할 필요가 있을 수 있습니다. 경우에 따라서는 환자가 응급실(예: 적극적 자살의도나 자살계획, 견디기 힘든 자해충동, 혹은 응급한 의료문제) 혹은 주치의의 병원(응급한 상태는 아니지만 잠재적인 의료문제), 그리고(또는) 정신과의사(예: 주요우울증, 정신증 혹은 급성불안장애와 같은 새로 발병한 정신질환에 대한 평가와 치료 소견을 위해)를 방문하는 일이 포함될 수 있습니다. 이런 주제들이 정리되는 동안(예: 급성정신병 삽화 동안)에는 심리치료를 보류하는 것이 적절할 것입니다. 환자가 입원하게 되면(예: 주요우울증 삽화 때문에), 무슨 일이 일어났는지 논의하고 퇴원 후 심리치료의 향방에 관한 주제를 검토하기 위해 치료자는 입원 중인 환자를 방문할 수도 있습니다. 일단 문제를 적절히 다루고 난 후에는, 환자가 처한 상황이 심리치료에 미치는 영향을 좀 더 명확히 밝히려는 목적으로 환자를 만나는 것이 중요합니다. 궁극적으로 환자와 치료자는 심리치료를 다시 시작하는 것이 가능하고 적절한지에 대한 결정을 내려야 할 필요가 있습니다. 심리치료를 다시 시작하려면 치료계약의 어떤 측면을 재협의해야 할지도 모릅니다(예: 단기 정신병 삽화 후에 항정신병 약물치료를 충실히 따를 필요가 있음). 만약 환자가 심리치료를 유지하는 데 필요하다고 여겨지는 주제들에 관한 합의에 응할 의사가 없다면, 치료자는 종결을 제안할 필요가 있을 수 있습니다. 이런 경우에는 여러 회기에 걸쳐서 종결주제들을 다루는 것이 바람직합니다. 또 다른 경우로는 의학적 질병이나 급성 정신증적 장애와 같은 심각한 정신과적 질병 때문에 환자가 심리치료를 계속 하지 못할 수도 있습니다. 이와 같은 경우에도 심리치료를 중지하거나(환자가 효과적으로 참여할 수 있을 정도로 상태가 충분히 좋아질 때까지) 혹은 종결하는 것이 가장 적절한 선택일 수 있습니다.

만약 보상기전상실이 심리치료 과정 자체에 내재한 어떤 주제로 인해 일어났고 또 그 주제에 한정된다면, 이런 경우에도 마찬가지로 문제의 뿌리를 이해하려고 시도하는 것이 중요합니다. 이 책에서 지금까지 논의한 많은 임상적 예시에는 다루지 않고 그대로 두면 악화되어 심리치료의 효과를 위협하거나 보상기전상실로 이어질 수 있는 주제들(반복되는 지각, 경계 문제, 갈구함 및 커지는 애착감정과 관련된 좌절)이 들어 있습니다. 우리는 의미의 네 가지 수준에 따라 이런 많은 주제를 이해하고 다루는 방법을 논의했습니다.

보상기전상실로 이어질 수 있는, 심리치료와 연관된 좀 더 흔한 주제 중 하나는 치료자에 대한 커지는 애착감정으로 인해 일어나는 견디기 힘든 불안입니다. 이것은 흔히 앞에서 논의했던, 점점 커지는 애착과 갈구함 및 고통 간의 관계와 연관됩니다. 이러한 주제들을 다루지 않고 두면, 환자는 이로 인한 고통으로 **행동화**(acting out)[1]와 같은 **방어기제**를 사용하거나 이러한 **방어기제**의 사용을 확대할 수 있습니다. 이렇게 된다면 심리치료가 위태로워질 수 있습니다. **행동화**의 몇 가지 흔한 예로는 치료회기 불참, 치료자에게 거짓말하기, 자해행동, 심각한 섭식장애, 향정신성 약물 사용, 난잡한 성행위 같은 위험한 · 무모한 행동을 들 수 있습니다. 이 모든 것은 불편한 감정을 심리치료 밖에서 방출하려는 환자의 건강하지 않은

---

1) 행동화는 견디기 어려운 감정을 건강하지 않은, 흔히 충동적인 행동으로 방출하는 방어기제입니다.

노력을 나타냅니다. 이것은 치료과정을 비껴가고, 그 결과 치료를 위태롭게 만드는 행위로 볼 수 있습니다.

치료자는 환자의 치료를 온전히 지키기 위해 반복적으로 **행동화**를 명료화하고 직면하고 해석할 필요가 있습니다. 하지만 더 심각한 병리가 있는 환자들은 이런 반복적인 개입에도 불구하고 **행동화**를 계속할지도 모릅니다. 이런 경우 중요한 과업은 치료자가 심리치료를 방해하는 환자의 행동과 관련된 기대 그리고 이런 행동을 지속할 경우 따르게 될 결과를 명확히 함으로써 한계를 정하는 일입니다. 한계설정은 일반적으로 치료를 포기하겠다고 위협하는 (**행동화** 행위를 그만두지 않으면 치료를 철회함으로써) 일종의 최후통첩을 환자에게 제시하는 것을 포함합니다. 그런데 이 방법은 다른 개입들이 실패한 후 사용할 최후의 시도로 남겨 두는 것이 보통입니다. 다음 치료자 진술은 약물 문제를 다루려고 반복적으로 노력했음에도 불구하고 계속 약물에 취한 상태로 회기에 참석하는 환자를 위한 한계설정을 보여 주는 예시입니다.

유감스럽지만, 만약 당신이 계속해서 약물에 취한 상태로 약속시간에 온다면 나는 당신을 도울 수 없을 것입니다. 우리는 이 주제를 여러 차례 논의했는데, 당신은 오늘 또다시 약물에 취한 상태로 오셨습니다. 이 시점에서, 우리가 여기서 하고 있는 작업을 지키기 위해 내가 택할 수 있는 남은 유일한 방법은 당신이 또다시 약물에 취한 채 참석한다면 우리가 치료를 종결해야 할 것임을 알려 드리는 것입니다. 만약 이런 일이 일어난다면, 나는 당신과 한두 번 더 만나 마무리하고 당신이 마리화나 사용 문제를 다루기 위해 시도해 볼 수 있는 선택지들이 어떤 것이 있는지를 의논할 것입니다. 물론, 당신이 지금부터 맑은 정신으로 여기 오겠다고 확실히 약속하면 나는 기꺼이 당신을 계속 만날 생각입니다.[2]

환자가 처음에는 **대상관계**에 기반한 **정신역동치료**에 적합한 후보(제4장 '환자 선택'에서 논의했던)로 보였지만, 일단 치료가 시작된 이후에는 더 이상 이 치료방식에 적합한 특성을 갖고 있지 않은 것으로 보이는 경우가 때때로 있을 것입니다. 환자와 치료방식이 서로 잘 맞지 않으면 보상기전상실이 일어날 수 있습니다. 이 주제는 환자에게 심리치료에 맞는 특성이 있는지 없는지에 세심한 주의를 기울이는 것을 포함하는, 환자에 대한 적절한 초기 평가와 생물심리사회적 사례공식화의 중요성을 강조합니다. 환자와 치료방식이 잘 맞지 않는 이런 '부적합' 상황에서는 치료가 필요한 일차적 문제에 대한 진단과 여러분의 사례공식화를 재검토하는 것이 좋습니다. 만약 실제로 부적합하다면, 좀 더 적합한 치료방식으로 바꾸는 것(예: 지지적이면서도 정신역동적 관점의 안내를 받는 치료 방식이나, 인지적 방식의 치료, 혹은 어쩌면 약물치료만으로)을 고려하는 것이 더 나을 것입니다. 이것은 선택한 특정 치료방식에 자격을 갖춘 다른 전문가에게 환자를 의뢰하는 일을 포함합니다. 이런 상황에서도 의뢰하기 전에 여러 차례 환자와 만나 현재의 상황을 논의하고 종결주제들을 탐색하는 것이 이상적입니다.

---

[2] 물질 사용 문제가 이처럼 심각한 환자에게는 회기와 회기 사이에 물질을 사용하는 행위에 관한 한계설정도 필요할 것입니다. 왜냐하면 이런 행위는 치료에서 다루어야 하는 감정을 방출하는 역할을 할 수 있기 때문입니다.

많은 사례를 보면 환자가 치료과정에서 다소 힘들어할 수 있지만 여전히 **대상관계**치료에 적합한 후보일 수 있습니다. 환자가 힘들어하는 한 가지 일반적인 이유는 치료의 진행속도가 적절하지 않기 때문입니다. 이러한 상황에서는 여러분이 전반적인 치료양식은 유지하면서도 그 환자에게 치료를 제공하는 방식을 약간 조정하는 것이 유용할 수 있습니다. **대상관계**치료에서는 대체로 치료실 밖의 주제를 논의하는 것으로 시작해서 지금 여기 치료관계에서 일어나고 있는 주제를 논의하는 쪽으로 전환합니다. 만약 이런 전환이 환자에게 적절하고 환자가 견뎌 낼 만한 속도로 진행되지 않는다면 (환자마다 이런 진행에 대처하는 능력이 다를 것입니다), 그 결과 감당하기 힘든 불안과 보상기전상실이 발생할 수 있습니다. 기억하고 계시겠지만, 나는 제8장 '의미의 네 가지 수준'에서 치료의 진행속도에 관해 다음의 원칙을 제안했습니다. 즉, 매 회기마다 환자가 현재 편안해하는 수준보다 하나 더 깊은 수준에서 경험하고 상호작용할 수 있도록 돕는 작업을 몇 차례 시도하라는 것입니다. 물론, 이 가이드라인은 환자의 악화 가능성을 최소화할 필요에 따라 조정될 수 있습니다. 여러분이 이런 방식의 심리치료에서 경험을 쌓아 갈수록 환자의 불안수준에 맞춰 주는 능력이 증진될 것이라고 생각합니다. 이 원칙은 치료 진행속도에 관한 여러분의 의사결정을 안내하는 데 도움이 될 수 있습니다.

이 책의 앞부분에서 언급한 바와 같이, 내 경험에 따르면 심리치료에서 진전은 불규칙적으로 일어나는 경향이 있습니다. 빠른 진전이 나타나는, 각별히 강렬한 몇 번의 회기를 환자가 경험하고 나면, 진전이 느린 것으로 보이는 한 번 혹은 그 이상의 회기가 뒤따르는 경우가 드물지 않습니다. 아마도 이런 현상은 환자 입장에서는 어떤 회기에서 다뤄진, 강도 높은 감정적 소재를 처리하기 위해 속도를 늦춰야 할 필요성과 연관된 것일 수 있습니다. 물론, 여러분은 이런 상황을 슈퍼바이저와 함께 의논해야 하지만, 이런 유형의 패턴이 나타나는 것을 보더라도 너무 고민하지 말라고 제안하고 싶습니다.

Chapter
15

구조와
그것의 **치료적 활용**

심리치료에서 '구조(structure)'란 무엇일까요? 나는 이 용어를 치료자가 회기 중에 제공하는 안내와 지시의 정도(the degree of guidance and direction)라는 뜻으로 사용합니다. 일반적으로 회기 중에 '구조'를 늘이는 것은 환자의 불안을 누그러뜨리는 경향이 있습니다. 제7장 '첫 회기 시작하기'에서, 손상이 아주 심한 환자를 다룰 때 불안을 낮춰 주는 한 가지 방법으로 나는 때로 환자에게 지난 한 주에 대해 말해 달라고 하면서 회기를 시작할 것이라고 언급했음을 여러분은 아마 기억할 것입니다. 회기를 침묵으로 시작하는 것과 견주어 보면, 이것은 더 많은 구조를 제공하는 것의 한 가지 예가 될 것입니다. 일반적으로 치료자가 회기 중에 말을 많이 하면

할수록 구조를 더 많이 제공합니다. 치료자가 회기 중에 좀 더 말을 많이 하면, 이것은 일시적으로 환자의 부담을 덜어주고, 그 결과 환자의 불안이 줄어들 수 있습니다. 앞 장(제14장 '보상기전상실의 가능성 다루기')에서 우리는 우울삽화 가능성을 평가하기 위해 치료자가 대화 중에 좀 더 지시적인 역할로 전환하고 구체적인 질문을 하는 것을 보았습니다. 이것은 회기 중에 구조를 더 많이 제공하는 쪽으로 전환한 것을 나타냅니다. 주로 폐쇄형 질문(예: '예 또는 아니요' 혹은 다중선택)을 던지는 치료자는 좀 더 추상적이고 개방적인 질문을 던지는 치료자보다 구조를 더 많이 제공할 것입니다.

여러분도 과거에 이미 직관적으로 구조의 치료적 사용을 때때로 했을 수도 있다고 생각합니다. 그렇게 했던 때를 생각해 볼 수 있습니까? 그때 무엇 때문에 그렇게 하게 되었다고 생각하십니까? 그 답은 **투사적 동일시**와 연관이 있을 것이라고 추측합니다. 치료자는 환자의 불안을 감지하면 흔히 반사적으로 환자와의 상호작용에 구조를 투입하게 됩니다. 이때 치료자 말수가 좀 더 많아질 수 있습니다. 혹은 치료자가 정서가 담긴 소재보다 지적인·구체적인 소재에 초점을 맞추기 시작할 수 있습니다. 어떤 상황에서는 치료자가 이처럼 무의식적으로 결정한 것이 요행히 좋은 결정일 수 있습니다. 그러나 다른 상황에서는 이런 결정이 반치료적일 수 있습니다. 이런 시나리오에서 의사결정하는 데 대한 합당한 접근을 우리는 논의한 바 있습니다. H.O.R.S.E. 접근법에 따르면 환자의 말과 보디랭귀지뿐만 아니라, 환자의 의사소통에 대한 여러분의 감정 반응을 고려하는 것이 중요하다는 것을 기억하십시오. 이 모든 것을 고려한 후에, 의미의 네 가지 수준(즉, C.O.S.T.)에 따라 여러분이 이해한 바를 개념화하고 이에 상응하는 치료적 반응을 결정해야 합니다. 이런 과정을 거치려는 노력을 충실히 할 때 여러분은 자신에게 다음을 할 수 있는 기회를 주는 유익을 얻을 수 있을 것입니다.

1. 의식적으로 그리고 더 철저하게 상황을 이해한다.
2. 투사된 감정과 무의식적으로 동일시하고 이에 따라 행동함으로써 발생할 수 있는 치료오류의 위험성을 낮춘다.
3. 다양한 치료적 선택을 의식적으로 고려하고 선택한다.

만약 여러분이 회기 중에 무의식적으로 구조를 투입하고 있음을 스스로 알아차린다면, '무엇이 나를 이렇게 하도록 만들었는가?'라고 자문해 보십시오. 이렇게 할 때 처음에는 치료회기가 끝난 후에 돌이켜보면서 자문하는 것이 여러분에게 더 쉽다고 느껴질 수 있습니다. 이때 여러분은 그 특정한 선택이 그 시점에서 환자에게 최선이었는지, 혹은 다른 선택이 더 나았을지에 대해 숙고할 수 있습니다. 치료에서 구조를 사용하는 것은 환자들에게 아주 적절하고 도움이 될 수 있습니다. 핵심은 여러분이 무엇을 하고 있는지 또 왜 그것을 하고 있는지를 알아차려야 한다는 것입니다.

일반적으로, 대인관계 병리가 더 심각한 환자들은 흔히 더 많은 구조를 필요로 합니다. 적어도 치료 초기에는 그렇습니다. 예를 들면, 회기를 시작할 때 환자가 먼저 말하기를 기다리기보다는 환자에게 지난주에 대해 다 말해 달라는 요청을 하기로 결정할 수 있습니다. 회기를 더 짧게(예: 50분 대신에 30분으로) 진행하기로 결정할 수도 있습니다. 치료관계에서 일어나고 있는 것(예: **전이** 주제들)보다 치료실 밖에서 일어나고 있는 것에 관해 논의하는 데 시간을 더 많이 쓰는 쪽을 선택할 수도 있습니다. 심지어 회기 중에 환자와 함께 워크북(예: 변증법적 행동치료, 인지행동치료, 혹은 그 외 다른 워크북) 하기를 선택할 수도 있습니다. 이런 개입들은 모두 회기에 구조를 더 많이 투입하는 것입니다. 하지만 이런 제안들은 **대상관계**의 원리를 감안해서 적용될 수도 있지만 대부분 "전통적" **대상관계**치료에서 상당히 벗어나 있다는 점을 이해할 필요가 있습니다.

치료자에 대한
언어적 공격

제 10장 '투사적 동일시'에서 우리
는 환자들이 치료자에게 어떻
게 언어적으로 공격을 퍼붓는지를 예시를 통해 보았습니다. 기억
을 되살려 보신다면, 수잔은 지각에 대한 치료자의 **직면**에 짜증을
내게 되었습니다. 그녀는 화를 내면서 물었습니다. "이게 뭐 대단
한 일이라도 되나요? 선생님은 분 단위나 뭐 그런 식으로 돈을 받
나요?" 우리는 이런 공격을 어떻게 이해하고 치료적으로 반응해야
하는지를 보여 주는 예시도 살펴보았습니다. 그런데 치료에서 언
어적 공격은 왜 일어날까요? 일반적으로 언어적 공격은 관계를 만
들고 유지하려는 환자의 시도에 내재된 병리를 반영하는 행위입니
다. 환자가 치료자에게 화를 내는 데는 수많은 이유가 있을 수 있습

니다. 여기서 나는 다른 이유보다도 환자와 관련된 이유에 국한시켜 논의하고자 합니다. 실제적인 치료자의 실수나 소홀함에 관련된 이유는 논외로 하겠습니다.

다시 우리의 가상환자를 포함한 예시를 살펴봅시다. (치료자의 휴가 때문에) 치료가 2주간 중단된 후 재개된 첫 회기 중에 다음 대화가 이루어지고 있다고 상상해 봅시다.

> 수잔: 휴가는 어떻게 보내셨나요? 태닝이 멋지게 됐네요. 훌훌 털어 버리고 휴가를 갈 수 있다는 건 틀림없이 멋진 일이겠죠.
>
> 치료자: 휴가 간다는 건 즐거운 일이 맞습니다. 제게 짜증이 나신 것 같아 보입니다. **(직면)** 지금 당신에게 어떤 일이 일어나고 있는지 말씀해 주십시오. **(명료화)**
>
> 수잔: 그러니까, 선생님이 좋은 시간을 보내고 있는 동안 저는 직장에서 두어 주를 무척 힘들게 보냈죠. 상사가 정말 저를 화나게 만들었어요. 그는 그냥 일거리와 마감일을 전부 다 저한테 던져주면서 자기가 원하는 게 뭔지, 이 모든 걸 어떻게 해야 하는 건지에 대해선 명확하게 말해 주지 않아요.
>
> 치료자: 그 얘기를 하면서도 화가 나신 것처럼 보입니다. **(직면)**
>
> 수잔: 그래요, 정말 짜증이 나는 일이에요.
>
> 치료자: 그 일이 치료가 중단되었을 때 일어났기 때문에 더 짜증스러웠을 거라고 짐작됩니다. **(직면)** 이런 힘든 시기에 저는 휴가를 가 버렸는데, 그게 당신에겐 어땠습니까? **(명료화)**
>
> 수잔: 다급할 때 의지할 수 있는 사람이 아무도 없다는 걸 제게 보여 준 셈이죠. 저는 매주 여기 오기로 되어 있는데 선생님은 제가 가장 도움을 필

요로 할 때 2주 동안 휴가를 가도 괜찮네요. 제가 왜 선생님이 어쨌든 제 문제에 대해 신경 쓸 거라고 기대했는지 모르겠어요.

치료자: 제가 휴가를 간 것 때문에 제게 무척 화가 나신 것 같습니다. 제가 없는 동안 힘든 시간을 보내셨다니 죄송합니다. 이 일이 지금 저를 보시는 관점에 진짜 영향을 미치고 있는 것 같습니다. 그래서 우리가 이걸 이해하려고 노력하는 게 중요하다고 생각합니다. 지금 저와 함께 이것에 대해 좀 더 탐색해 보시겠습니까?

수잔: 그러니까…… 그렇게 해 보죠.

치료자: 몇 주 전에 말씀하시기를, 저를 만나는 것이 느낌에 초점을 두는 데 도움이 되고 있고, 이런 걸 다른 관계에서도 경험하고 싶다고 하셨죠. 그런데 오늘 저에 대한 당신의 관점은 아주 극적으로 바뀐 것 같습니다. 제가 당신의 문제에 전혀 신경을 쓰지 않는다고 보시는 것 같습니다. 마치 제가 휴가 중에 당신을 고생시키려고 작정했다고 믿는 것처럼 말이죠. (**직면**) 너무 급격한 변화같이 보이는데, 제가 이런 상황을 이해하도록 도와주세요. (**명료화**)

수잔: 가끔 모든 사람이 그냥 제 삶을 어렵게 만들려고 애쓰는 것처럼 느껴질 때가 있어요. 제가 가끔 이렇게 되는 것 같아요. 그건 마치 '당신이 해결책에 속하지 않으면 문제의 일부야'라는 식이죠.

치료자: 당신 마음 한편에 제가 완벽한 치료자이기를 바라는 부분이 있고, 그래서 제가 그 도달하기 어려운 이상에 미치지 못하면 저를 전적으로 무심하고 무가치한 사람으로 보시는 게 아닌지 궁금합니다. 저를 이 양극단 사이 어디쯤에 있는 사람으로 보는 게 당신에게는 어려운 일이라고 생각됩니다. (**해석**)

수잔: 일이 잘못되고 제가 스트레스를 받을 땐 모든 사람에게 다 그렇게 되는

것 같아요. 제프에게도 똑같이 하거든요. 가끔 이렇게 안 좋은 기분을 추
스르려면 그냥 얼마간 떨어져서 시간을 보낼 필요가 있어요. 그렇게 하
다 보면 시간이 좀 지나게 되고 다시 제프에게 정상적으로 행동할 수 있
어요.

이 대화에 대해 생각해 본다면, 수잔의 짜증은 처음부터 아주 분
명합니다. 치료자가 좌절감에 대해 직접적으로 얘기해 달라고 요
청하고 있지만, 수잔은 대화의 방향을 직장 상황에 대한 논의로 돌
립니다. 직장에 대해 수잔이 논의하고 있는 주제는 제 4수준의 의
미인 수잔과 치료자의 관계에서의 주제와 유사한 부분이 있습니
다. 수잔은 상사를 너무 많은 것을 요구하고 많은 일거리를 주지만
아무런 안내도 해 주지 않는 사람, 마치 기대치는 지극히 높으면서
도 거리를 두고 마음을 써 주지 않는 부모와 무척 비슷한 사람으로
묘사합니다. 이것은 마치 그녀의 상사는 무엇을 하라고 지시한 다
음 사라져 버린다는 말 같은데, 이는 치료자가 휴가를 가면서 했던
것과 흡사합니다. 수잔이 경험하고 있는 화는 그녀가 상사와 치료
자 모두 요구는 많이 하면서 관심 갖지는 않고 필요할 때 곁에 없는
사람으로 보는 것(이것이 활성화된 **대상표상**임)과 관련이 있습니다.
심리치료가 중단된 2주 동안 수잔이 치료자를 필요로 했던 경험은
다음 언급에서 분명히 나타납니다. "선생님은 제가 가장 도움을 필
요로 할 때 2주 동안 휴가를 가도 괜찮네요." 수잔은 갈구함을 견뎌
내지 못한 데 대한 반응으로 치료자가 휴가를 가고 자신을 버린 것
에 대해 크게 화를 내고 있다(의식적일 수도 있고 무의식적일 수도 있
는)고 추정해 볼 수 있습니다.[1]

앞의 대화에서 치료자가 방어적이지 않고(그랬다면 수잔의 적개심이 더 커졌을 것입니다.) 오히려 "휴가 간다는 건 정말 즐거운 일입니다."라고 동의하고 있음에 주목하십시오. 이것은 내가 '공격 받아 주기(rolling with the attack)'라고 부르는 방식의 한 가지 예입니다. 여러분이 '공격 받아 주기'를 기억한다면, 감정이 고조된 순간에 환자에 의해 투사된 분노감정과 여러분이 동일시하는 것을 피하는 데 도움이 될 것입니다. 하지만 이렇게 하기가 때로 치료자에게 어려운 일일 수 있습니다. 왜냐하면 투사된 감정에 따라 무의식적으로 행동하도록 치료자에게 가해지는 대인 간 압박이 강렬하기 때문입니다. 이 기법을 적용할 때 나는 아마 환자에게 이렇게 물을 것입니다. "내가 아주 요구가 많은 · 비판적인 · 관심이 없는 등등의 사람으로 보이는 것이 당신에게는 어떻게 경험됩니까?" 이것은 수잔이 활성화된 **대상표상**과 이것이 그녀의 정서─여기서는 분노─와 어떻게 연결되는지를 알아차리는 데 도움을 줄 수 있습니다. 이에 더하여, 여러분의 질문이나 혹은 **직면**이 담긴 진술을 "당신은 저를 한 사람으로 보고 · 경험하고 있는 것 같습니다."라는 식으로 구성하면 환자가 자신과 타인을 보는 관점이 본질적으로 표상의 속성을 갖는다는 사실을 알아차리도록 도움을 줄 수 있습니다. 이런 알아차림은 **정신화**(mentalization) 능력을 기르는 방향으로 중요한

---

1) 치료자의 부재가 많은 환자에게 어려움을 줄 수 있기 때문에, 환자들에게 몇 주(혹은 몇 달!) 전부터 치료자의 휴가가 다가온다는 사실을 치료 중단 시점까지 반복해서 일깨워 주는 것이 흔히 도움이 됩니다. 어떤 환자들에게는 치료자의 부재를 어떻게 다룰지 그 전략을 함께 의논하는 것(예: 평상시라면 치료를 받았을 시간에 혼자 일지 쓰기)이 도움이 될 수 있습니다.

한 걸음을 내딛는 것입니다.

　앞의 대화에서 치료자는 수잔이 전부 다 나쁜 **대상표상**으로 전환했음을 지적했습니다. 이 예시에서 수잔은 치료자를 보는 자신의 관점에 관한 논의를 기꺼이 받아들였고 그것에 참여할 수 있는 능력을 보여 주었습니다. 그러나 유감스럽게도 환자가 분노와 같은 특히 강렬한 감정을 경험하고 있을 때 이것이 항상 가능하지는 않습니다. 이런 상황에서는 흔히 공격을 받아 주고 환자가 자신의 감정상태를 관찰하고 묘사하도록 돕는 것이 바람직합니다. 더 나아가, 그 시점에서 환자에게 **대상표상**의 통합을 권하는 시도를 해 볼 수도 있습니다(예: "저를 아주 부정적인 시각으로 보고 있는 것 같습니다. [**직면**] 지금 저에게 어떤 긍정적인 면을 보실 수 있나요?"). 그런데 몹시 화가 난 환자는 고통을 받고 있는 동안 이런 과정에 관여하기가 어려울 수 있습니다. 이 때문에 나중에(심지어 이후 다른 회기 중에) 환자가 진정되고 이 과정에 협력할 의향과 능력이 될 때 전부 다 나쁜 **대상표상**의 부정확성을 탐색하는 것이 바람직할 것입니다.

　자기표상과 **대상표상**(즉, **부분 대상관계**)이 전부 다 좋은 그리고 전부 다 나쁜 것으로 구성된 경향이 견고한 환자들의 경우에는, 흔히 이런 경향에 대한 **직면**과 **해석**을 반복적으로 해야 이들이 자신과 다른 사람들에게 공존하는 '좋은' 자질과 '나쁜' 자질을 통합하고 이런 자질들을 의식적으로 알아차리는 능력을 기르도록 도와줄 수 있습니다. 정신장애가 심각한 환자들에게는 자신에게 속하지 않는다고 부인하고 투사한 감정이나 그 외 다른 자신의 특성을 치료자로부터 '되찾아가는' 능력을 기르는 일이 특히나 어려울 수 있습니다. 심지어 치료자에게 투사된 것들이 환자에게 보복하는 방식이 아니라 (치료자의 반응/개입을 통해) 민감하고 치유적인 방식으로 되돌려지고 있을 때조차도 어려운 일일 수 있습니다. 투사한 것을 되찾아가는 능력을 기르도록 도우려면 치료자가 반응할 때 **직면**과 **공감적 타당화**를 결합하는 것이 유용할 때가 많습니다. 예를 들면, "지금 저를 정말로 요구가 많고 비판적인 사람으로 보고 있다는 점을 감안하면(**직면**), 당신이 지금 제게 그런 것처럼 화날 수 있겠다는 걸 이해할 수 있습니다. 당신이 느끼고 있는 화를 자세하게 말씀해 주실 수 있습니까?" (**명료화**) 일단 환자의 감정이 충분히 진정되고 나면 이렇게 물어볼 수 있습니다. "이 상황에서 제가 한 역할에 대해 다른 식으로 볼 수 있겠습니까?" 또는 "이 대화를 나누면서 제가 어떤 느낌이었을지 생각나시는 게 있나요?" 이런 질문들은 환자가 **정신화** 능력을 기르는 데 도움이 될 수 있습니다.

　예시 대화로 돌아가서, 이 시나리오에서 치료자의 사과("제가 없는 동안 힘든 시간을 보내셨다니 죄송합니다.")는 피상적으로 보면 현재 상황에 대한 사과로 이해할 수 있습니다. 더 깊은 수준에서는 실제적인 혹은 지각된 초기 양육의 실패에 대한 사과로 이해할 수 있습니다. 그렇다면, 진정어린 사과에 대해 수잔이 심각한 슬픔과 눈물로 반응할지도 모른다고 예상할 수 있습니다. 이런 슬픔은 예상보다 더 강렬할 수 있습니다. 왜냐하면 그것은 강렬했던 초기 경험에 대한 슬픔(즉, **전이반응**)을 반영하기 때문입니다. 만약 수잔이 치료자의 사과에 대해 심각한 슬픔의 반응을 보였다면, 치료자는 앞의 예시에서처럼 수잔의 언어적 공격과 전부 다 나쁜 **대상표상**에 초점을 맞추기 위해 슬픈 느낌을 간과하는 대신에, 그 느낌을 탐색하는 쪽을 택했을 수도 있습니다.

예시 대화에 있는 수잔의 화가 담긴 말은 피상적인 수준에서는 치료자가 휴가를 가 버린 것에 대한 짜증을 나타냅니다. 그렇다면 애초에 이 분노는 모두 어디서 온 것일까요? 그리고 이 분노가 현재 상황에 비해 그토록 심한 것처럼 보이는 이유는 무엇일까요? 이번에도 이것은 초기 아동기의 강렬한 정서적 경험과 관련된 분노의 **전이**를 나타낼 가능성이 높습니다. 이것은 분노가 때로 그토록 극심하게 보일 수 있는 이유를 설명하는 데 도움이 됩니다. 이는 분노의 강도가 현재 상황 자체보다는 환자에게 훨씬 더 강렬했을 과거의 상황들과 더 관련되어 있기 때문입니다. 생후 첫 몇 달과 첫 몇 해 동안에는 양육에서 발생한 사소한 실수도 아기나 아동에게 생존의 위협으로 지각될 수 있습니다(**편집-분열 자리**를 떠올려 보세요). 학대받거나 방임되는 상황에서는 불행하게도 이런 위협은 진짜 현실일 수 있습니다. 그러므로 그 결과로 나타나는 감정 반응들이 아주 압도적일 수 있다는 점을 이해하기란 그리 어렵지 않습니다. 이것은 그다지 놀라운 일은 아닙니다. 예를 들면, 어떤 유아와 아동은 학대나 방임이 있는 양육에 대한 방어로 해리하기 시작한다는 것을 우리는 알고 있습니다. 만약 어떤 상황에서 환자의 반응이 기대되거나 혹은 적절하다고 여겨지는 정도보다 더 극심하다면 이것이 **전이**반응을 나타내는 것이 아닌지 숙고해 보기를 제안합니다.

만약 전달된 감정(이 경우에는 분노)의 강도에 치료자가 압도당한 것 같이 보이면, 환자는 이를 감지하고 좀 더 안전한 주제로 화제를 돌려 치료자를 '보호'하려고 할 수 있습니다. 심지어는 치료를 도중에 그만둘 수도 있습니다. 이 때문에 초심 치료자는 곤란한 처지에 놓입니다. 말하자면, 초심 치료자들은 치료에서 강렬한 감정들을 대해 본 경험이 부족하고 이 때문에 불편함을 느끼기 쉽습니다. 그런데 이것이 실제로 환자의 중도탈락으로 이어져 경험을 얻기가 더 어려워질 수 있습니다. 이런 까닭에 여러분이 경험을 쌓고 있는 동안 치료에서 언어적 공격을 다룰 때는 언제나 의지할 수 있는, 단순하고 기억하기 쉬운 어떤 접근법을 가지는 것이 중요합니다. 그것은 공격을 받아 주고 감정을 따라가라는 것입니다.

심리치료에서
슬픔

앞장에서 나는 초기양육의 실패에 대한 비탄을 반영하는 것일 수도 있는 슬픔을 환자가 심리치료에서 경험하는 것에 대해 언급했습니다. 나는 이런 유형의 슬픔은 흔히 **투사적 동일시**를 통해 내 안에서 슬픈 감정을 불러일으킨다는 것을 관찰했습니다. 이런 **역전이 반응**의 결과, 나는 종종 이것을 '진정한 슬픔(true sadness)'으로 생각합니다. 이와 대조적으로, 환자들은 내가 '박해적 슬픔(persecutory sadness)'이라고 생각하는 아주 다른 속성의 슬픔을 경험할 수도 있습니다. 이 유형의 슬픔은 아마도 다른 사람들이나 삶, 혹은 세상 전반에 의해 박해받은 느낌에서 연유된 불쾌감(dysphoria)으로 기술하는 것이 더 정확할지 모릅니다. 이 유형의 정서상태가 진정한 슬픔과 아주 비슷하게 보이더라도(예: 두 경우 다 눈물을 포함할 수 있습니다), 박해적 슬픔은 진정한 슬픔과 동일한 **역전이** 반응을 이끌어 내지는 않습니다. 박해적 슬픔의 경우에 나는 슬픔과 눈물이 날 만큼 마음이 움직인다는 것을 느끼기보다 환자로부터 투사된 좌절을 알아차리게 되는 경우가 더 흔합니다. 이런 유형의 불쾌감은 앞서 논의한 **편집-분열 자리**와 관련된 것으로 생각할 수 있습니다. 이와 대조적으로, 진정한 슬픔은 발달적으로 더 성숙한 **우울 자리**를 반영하는 것으로 볼 수 있습니다.

우울 자리(depressive position)라는 용어는 Melanie Klein(1935)이 만든 것으로 아동이 다른 사람들을 모두 다 좋음과 모두 다 나쁨의 양극단 사이를 오가는 존재로 보는 것이 아니라 좀 더 현실적으로 (즉, 좋은 것과 나쁜 것이 섞인 자질을 가진 사람으로) 보는 능력을 갖게 된 단계를 기술하기 위해 사용했습니다. 이 단계에 수반되는 우울한 슬픔은 아동이 양육자의 불가피한 흠결에 대해 좀 더 '우울하지만' 현실적인 인식을 갖게 되면서, **편집-분열 자리**에서 누렸던 전능한 양육자에 대한 이상화된, 하지만 흥분시키고 기쁨에 넘치는 이미지를 상실하는 데서 나옵니다. Klein이 관찰한 바에 따르면, 건강한 아동들은 일반적으로 생애 첫해 이내에 편집-분열이 우세한 상태에서 좀 더 성숙한 **우울 자리**로 이동한다고 합니다. 하지만 불행하게도 이 성숙의 과정을 저해할 수 있는 문제들이 발생할 수 있습니다. 여기에는 심각한 양육/환경적 주제들 그리고(또는) 선천적인 취약성이 포함될 수 있습니다. 그 결과 많은 환자가 **편집-분열 자리**에 갇혀 많은 시간을 보냅니다. 이들은 자신과 타인을 좀 더 현실적인 방식으로 보고 대하도록 해 줄 좀 더 성숙한 **우울 자리**로 충분히 나아가지 못한 것입니다.

환자들이 **편집-분열 자리**에서 시간을 적게 보내도록 돕는 몇 가지 방법을 이미 논의한 바 있습니다. 환자들이 좀 더 성숙한 **우울 자리**로 전환하도록 돕는 일은 반드시 치료과정의 일부에 포함시켜야 합니다. 이렇게 하기 위해 우리는 환자가 양육의 실패와 다른 초기 상실을 애도하고 자신과 부모 및 다른 사람들에 대한 통합되고 현실적인 관점을 발달시킬 수 있도록 도와주어야 합니다. 제10장 '투사적 동일시'의 예시 대화에서 보았듯이, 이것은 치료관계에서 일어난 실패를 탐색함으로써 상징적인 방식으로 이루어질 수 있습니다. 혹은, 환자들이 개방적으로 자신이 경험한 양육과 관련된 주제들을 논의하고 언급할 수도 있습니다. 이런 유형의 논의를 통해서 환자는 초기 아동기 사건이나 초기 양육의 반복된 실패[학대 그리고 (또는) 방임과 같은]가 자신의 현재 정서적, 관계적 어려움에 얼마나 중대한 영향을 끼쳤는지를 인식하게 될 수도 있습니다. "이런 경험은 당신 잘못이 아니었다."라는 말을 듣는 것이 환자들에게는 흔히 위안으로 느껴질 것입니다.

우울 자리의 특징적인 속성인 건강한 슬픔을 환자들이 경험할 때 (이것이 흔히 심리치료에서 진전의 표식입니다) 치료자가 개입하기를 피하는 것이 대체로 바람직하다는 것을 나는 알게 되었습니다. 따라서 이런 때가 치료자가 적극적으로 환자의 '정서를 따라가는 것'이 치료과정을 방해하는 것처럼 보이는 드문 경우 중 하나입니다. 이런 때는 오히려 환자가 방해받지 않고 감정을 경험하도록 충분한 공간을 허용하기를 제안하고 싶습니다. 그런데 이에 대한 한 가지 예외적인 경우는 회기를 거의 마칠 무렵에 환자가 이런 유형의 슬픔을 경험할 때입니다. 이런 경우 나는 환자에게 그 느낌을 상세히 묘사해 보라고 요청할 것입니다. 이렇게 함으로써 회기를 마칠 때쯤 환자가 좀 더 '평정심'을 되찾고 감정의 강렬함을 누그러뜨리도록 돕기 위해서입니다.

Chapter
18

성애적 전이와
역전이

치료자에 대한 환자의 애착감정이 커짐에 따라 이러한 감정에는 흔히 성적 감정뿐만 아니라 강력한 부드러운 · 좋아하는 감정이 들어 있다는 표시가 있습니다. 이런 감정들이 결합해서 이른바 **성애적 전이**(erotic transference)를 형성합니다. 심리치료에서 **성애적 전이**의 성적 요소가 과장되면 이것은 강력한 애착감정을 주로 신체적인 방식으로 경험하고 해석하려는 환자의 경향성이 나타난 것일 수 있습니다. 생애 초기에는 애정의 표현들이 일반적으로 매우 신체적이라는 사실(예: 엄마가 아기를 먹여 주고 안아 주기)을 고려할 때, 이것은 놀라운 일이 아닙니다. 이 **전이**반응은 환자의 말이나 행동에 담긴 명확한 단서를 통해 드러날 수 있습니다. 어떤 환자들은 명백히 유혹적인 방식으로 행동하기 시작할 수 있습니다. 혹은 **성 애적 전이**의 신체적/성적 측면들이 좀 더 은밀한 방식으로 드러나 기도 합니다. (치료관계에서 **투사적 동일시**를 항상 예의주시하는) 치료 자는 환자의 말이나 행동에서 명백하게 식별가능한 표시를 통하기 보다는 환자에 대한 자신의 감정적 반응에 조율함으로써 이런 유 형의 **성애적 전이** 가능성을 추정하기 시작할 수 있습니다. 겉으로는 환자에게서 분명하거나 의도적인 표시가 보이지 않더라도 이런 의 구심이 들 수 있기 때문에, 이 주제를 공공연하게 다룰 수 있을 만 큼 치료자가 그것에 대해 충분히 확신하기가 때로는 어려울 수 있 습니다. 치료자가 환자에게 매력을 느낄 경우에는 이 주제를 다루 는 일이 특히 힘든 도전거리가 될 수 있습니다. 환자가 이러한 성애 적 감정을 의식적 수준에서는 알아차리지 못하고 있을 가능성까지 더하면, 이런 주제들을 다루는 것이 상당히 복잡한 일이 될 수 있다 는 것을 알 수 있습니다.

짐작하시겠지만, 치료상황에서 성애적 성적 감정을 경험하는 것 은 많은 환자에게는 (그리고 많은 치료자에게도 마찬가지로) 아주 불 편할 수 있습니다. 어떤 특정한 성적 지향과 전적으로 동일시하는 (예: 전적으로 이성애적인) 환자들로서는 자신들의 평소 성적 지향과 반대인 치료자에게 성애적 감정을 갖는다는 것(예: 동성의 치료자에 게 성애적 느낌을 경험하는 것)이 특히 혼란스러운 일일 수 있습니다. 많은 환자에게는 자신의 애정 감정의 신체적/성적 요소에서 부드 러운 · 좋아하는 요소를 분리하는 것이 어려운 일입니다. 이 때문 에 성숙하고 플라토닉하며 애정 어린 관계를 형성하고 유지하기가 힘들 수 있음을 알 수 있습니다. 치료관계는 이 복잡한 주제들을 훈

습하는 안전한 맥락을 제공합니다. 다음은 이 주제와 관련된 가상
적인 대화의 예시입니다.

> **수잔**: 제 감정에 대해 솔직하게 얘기할 수 있어서 기분이 좋아요.
>
> **치료자**: (침묵하면서. 환자의 긴 눈맞춤과 함께 성적 긴장의 느낌을 알아차
> 린다.)
>
> **수잔**: 우리는 아주 사적인 것에 대한 얘기를 하고 있네요. 그래서 선생님과 더
> 가까워지고 싶다는 느낌이 들어요. 선생님이 저를 껴안아 주시면 어떤
> 기분일지 궁금해요.
>
> **치료자**: 저에 대해 아주 강렬한 어떤 느낌을 경험하고 계시군요. (**직면**) 그리고
> 그건 우리가 얘기해 볼 수 있는 상당히 정상적인 주제입니다. 그런 감정
> 을 좀 더 신체적인 방식으로 표현하고 싶어 하는 건 특이한 일이 아닙니
> 다. 그렇지만 그건 이 관계에서는 일어날 수 없는 일입니다. 당신이 저에
> 대해 가지는 생각이나 느낌은 무엇이든지 우리가 얘기할 수 있지만, 안
> 아 주기처럼 그 감정에 따라 행동하면 우리가 여기서 하고 있는 작업을
> 저해할 것입니다. 그래서 저는 그런 일이 일어나게 할 수 없습니다.

이 대화는 초심 치료자가 신체적/성적 속성을 가진 **성애적 전이**에
관한 경계 주제(boundary issues)를 다루는 한 가지 방법을 보여 줍
니다. 이것은 치료관계에서 경계를 유지하는 데 있어서 치료자가
맡은 역할을 강화시켜 줍니다. 평소 관계에서 적절한 경계를 정하
고 지키는 것이 어려워 이에 대해 심한 불안을 경험하는 많은 환자
에게는 이 방법이 안도감을 줄 수 있습니다. 그런데 이 접근법의 한
가지 약점은 치료자가 선제적으로 치료의 경계를 강조한 나머지,

어떤 환자들은 마음의 문을 닫아 버릴 수도 있다는 것입니다. 그 결과 환자의 생각과 감정, 환상에 대한 추가적인 탐색이 방해받을 수 있습니다. 다른 말로 하면, 이 시점에서 치료의 경계를 강조한다면 부지불식간에 치료관계에서 정서적 거리가 벌어질 수 있습니다. 이 때문에 좀 더 숙련된 치료자들은 그 특정한 시점에 환자에게 치료관계에서의 경계에 대해 명확하게 언급하기보다 환자에게 자신의 생각과 감정(즉, 껴안아 주기에 관해서)을 좀 더 얘기하라고 요청할 수 있습니다. 하지만 치료자의 특성이 여기서 고려해야 할 유일한 주제는 아닙니다. 앞의 대화에서 제시한 접근이 치료자의 경험수준과 이 주제에 대해 편하게 느끼는 정도와 상관없이 어떤 환자들에게는 바람직한 방법일 수 있습니다. 경계주제와 비일관된 현실검증의 문제와 씨름하고 있는 환자들에게는 치료자가 연루된 성적 환상에 관한 논의를 피하는 것이 현명할지 모릅니다. 이런 경우에도 특정한 환자와 특정한 상황을 고려함으로써 어떤 접근법 혹은 그것의 변형된 접근법이 가장 적절하고 효과적일지를 판단해야 할 것입니다.

　나는 이 책 전반에 걸쳐 치료자가 자신의 감정 반응을 주의 깊게 점검하는 것이 **투사적 동일시**가 치료의 상호작용에서 어떻게 작동하고 있는지를 드러내는 데 중요하다는 점을 강조해 왔습니다. **성애적 전이**에 내재한 **투사적 동일시**를 주의 깊게 고려하는 것은 특히나 중요한 일입니다. 왜냐하면 **성애적 전이**는 치료자의 판단 착오로 돌이킬 수 없는 결과를 가져올 수 있는 하나의 영역이기 때문입니다. 투사된 소재와 무의식적으로 동일시하도록 압박하는 강력한 대인 간 힘에 이끌려 치료자는 자신이 환자와 사랑에 빠졌다고 그리고(또는) 거역할 수 없을 정도로 성적으로 환자에게 끌리고 있다고 확신하게 될 수 있습니다. 혹은, 치료자가 전적으로 자신의 욕구나 주제(즉, **부정적 역전이**) 때문에 로맨틱한 그리고(또는) 성적 감정을 경험할 수도 있습니다. 이 두 가지 시나리오 중 어떤 경우라도 치료자가 자신의 감정에 따라 행동한다면 자신의 치료 경력에 손상을 미칠 가능성은 말할 필요도 없고, 환자에게 회복할 수 없는 피해를 입힐 수 있습니다. 이런 상황은 초심 치료자가 혼자 처리하기에는 매우 어려울 수 있습니다. 따라서 심리치료 슈퍼비전에서 **성애적 전이** 그리고(또는) **성애적 역전이** 주제들을 다루는 것이 매우 중요합니다.

Chapter
19

치료에서
조언하기

심 리치료에서 조언하기는 흥미로
우면서도 논쟁의 소지가 있는
것으로 보이는 개념입니다. 내가 함께 일했던 학생들 중 많은 이가
환자에게 조언한다는 것은 절대로 받아들일 수 없다고 빠르게 확
언했습니다. 이런 생각이 어디에서 온 것인지는 잘 모르겠습니다.
아마도 이것은 잘못된 조언을 하는 것 그리고 그로 인한 보복에 대
한 염려에서 온 것이 아닐까 생각합니다. 아마도 이것은 조언을 하
는 것이 환자로부터 힘을 뺏거나 혹은 치료관계에 대한 건강하지
못한 의존을 부추길 수 있다는 생각에서 온 것일 수도 있습니다. 아
니면, 조언하기는 치료자와 환자 간의 힘의 불균형을 남용하는 실
책으로 빠질 수 있는 미끄러운 경사면이 아닌가 하고 두려워하기

때문인지도 모릅니다. 나는 어떤 특정한 상황에서 조언하기가 현명한 일인지를 결정할 때 이 모든 것이 타당한 고려사항이라고 생각합니다. 하지만 조언하기 기법을 우리의 치료 도구함에서 빼버리기 전에, 우리는 조언하지 않고 보류할 때의 잠재적 위험뿐만 아니라 조언할 때의 잠재적 유익을 반드시 비교해 보아야 합니다.

조언하기에 대해 생각해 볼 때 '재양육으로서의 치료(therapy as reparenting)'라는 잘 알려진 비유를 고려해 보는 것이 유용하다고 생각합니다. 자녀가 조언을 해 달라고 오면 좋은 부모라면 어떻게 할까요? 정보가 충분하지 않을 때 최선의 답은 아마 "상황에 따라 다르다."일 것입니다. 좋은 부모들이 조언을 할 때가 있을까요? 물론 그렇습니다! 좋은 부모들은 자녀들에게 요청받으면 흔히 조언을 할 것입니다. 조언하기를 거부하는 부모는 자녀에게 원하는 것을 주지 않고 보유하거나, 박탈하거나 혹은 무관심한 사람으로 보일 수 있습니다.

좋은 부모들은 종종 요청받지 않았을 때도 조언을 합니다. 그들은 왜 이렇게 할까요? 그들은 자녀의 안녕에 대해 관심을 갖고 있고 어떤 특정 상황에서 자녀에게 무엇이 최선인지에 대한 의견을 나타내고 싶은 마음에서 이렇게 할지 모릅니다. 따라서 조언은 요청이 있건 없건 간에 배려하는 마음의 표현일 수 있습니다. 그렇다면 좋은 부모가 조언을 자제하고 자녀가 스스로 결정하도록 두는 상황도 있을까요? 물론 있습니다. 좋은 부모들은 자녀에게 조언하지 않겠다는 결심을 할지도 모릅니다. 자녀가 스스로 결정할 수 있는 능력이 있다는 것을 전제로, 스스로 결정하는 경험으로부터 자녀가 더 많은 유익을 얻을 것이라고 부모가 믿는다면 조언을 자제

할지도 모릅니다.

나는 언제 조언이 적절한지를 결정하는 것과 관련된 이러한 요인들이 치료자와 환자 관계에서도 매우 유사하다고 제안하고자 합니다. 요청이 있을 때 조언하거나 혹은 심지어 이따금 요청이 없어도 조언을 하는 것은 치료자가 환자를 배려한다는 것을 전달할 수 있습니다. 이렇게 하지 않는 것은 환자에게 원하는 것을 주지 않고 보유하고 있다거나 혹은 무관심의 표시로 지각될 수 있습니다. 더군다나, 좀 더 폭넓게 보면, 사실 환자들은 그들의 정서적 건강과 관계 주제에 관한 '조언'을 얻으려고 우리를 만나고 있는 게 아닌가요?

그런데 우리가 이 주제에 대해 너무 멀리 가기 전에, 정신역동적 치료자가 모든 것에 대해 조언해야 한다고 내가 제안하는 것은 아니라는 점을 분명히 하고 싶습니다. 실제로 나는 치료할 때 조언을 해 달라는 환자들의 요청을 그다지 자주 들어 주는 편은 아닙니다. 하지만 나는 치료자가 절대로 환자에게 조언하면 안 된다는, 놀라울 정도로 널리 퍼져 있는 신념에 대해 반론을 제기하고 있습니다. 조언하기는 분명히 치료자가 좀 더 지지적인 입장으로 전환했음을 나타낼 것입니다. 그렇지만 이 책에서 내가 기술한 다른 기법들과 마찬가지로 조언하기 기법 사용의 적절성은 특정한 환자와 특정한 상황에 대한 철저한 이해를 바탕으로 결정해야 합니다. 극한적인 상황을 고려하면 이런 결정은 좀 더 명쾌해 보일 수 있습니다. '어중간한' 상황에서는 흔히 결정하기가 좀 더 어렵습니다. 예를 들면, 만약 환자가 "제가 백만 달러를 타게 됐다는 이메일을 방금 받았어요. 이 돈을 저한테 송금하는 데 드는 수수료를 내려면 2,000달러를 내일까지 보내야 한대요. 오늘 집에 가면 송금할 생각이에요.

선생님 생각은 어떠세요?"라고 말할 때, 많은 치료자는 조언하기로 결정하는 데 곤란함을 거의 겪지 않을 거라고 생각합니다. 반대로, 어떤 환자(주식거래 전문가)가 "자, 어떻게 생각하세요? Global Oil 주식을 공매도해야 할까요? 아니면 Midwest Textiles 주식 몇 십 만 주를 사야 하나요?"라고 묻는다면, 대부분의 치료자들은 조언을 자제하는 것을 편안하게 받아들일 것으로 추정됩니다. 판단하기가 좀 더 어려울 수 있는 상황은 중간에 놓인 상황입니다. 예컨대, 어떤 어려운 대인관계 상황에서 어떤 말을 하고 어떤 행동을 할지에 대해 환자에게 조언해야 할까요? 스트레스가 심한 업무 상황을 어떻게 다뤄야 하는지 조언해야 할까요? 직장을 그만두는 일에 대해서는 어떨까요? 이혼하는 일에 대해서는 어떻게 할까요? 이러한 상황에서 조언할지 말지를 결정하기는 훨씬 더 어려운 일입니다.

이런 상황에 맞닥뜨렸을 때 나는 종종 앞서 논의한 좋은 부모 비유에서 언급한 주제들을 고려할 것입니다. 다음은 이와 관련되어 여러분이 숙고해 볼 수 있는 질문의 목록입니다.

- 환자가 나에게 조언을 요청하고 있는가?
- 의미의 네 가지 수준에서 볼 때 이 요청은 어떤 의미가 있는가?
- 만약 환자가 조언을 요청하고 있지 않다면, 이것은 내가 배려하고 있음을 보여 주고 또한 환자에게 무엇이 최선인지에 대한 내 입장이 강력하기 때문에 부탁받지 않았어도 조언해 주고 싶은 그런 상황인가?
- 이 환자에게 스스로 좋은 결정을 내릴 수 있는 능력이 있는가?
- 이 상황에서 내가 조언을 자제한다면 이 환자에게 감정적으로

어떤 영향을 미칠까?

- 내가 뒤로 물러나 환자가 작은 실수를 하고 고쳐 나가는 경험으로부터 배우고 성장하도록 두는 것이 가치 있는 일인가?
- 환자가 심각한 문제의 소지가 있는(하지만 피할 수 있고 예견할 수 있는) 결과를 가져올 수 있는 어떤 안 좋은 선택을 하기 직전인가?
- 해 줄 만한 좋은 조언이 내게 있는가?[1)
- 이것은 긴급히 결정해야 할 사안인가 아니면 더 숙고하고 논의할 시간이 있는 사안인가?

이것은 모두 조언하는 것이 적절한지 아닌지를 결정할 때 고려해야 할 잠재적으로 중요한 질문이라고 생각합니다. 내가 드리고 싶은 조언은 조언하기를 어떤 원칙의 문제로 여기고 경직된 자세로 무시해 버리지 말고, 개별 상황을 신중하게 들여다보고 어느 쪽으로든 합당한 결정을 내리라는 것입니다.

이러한 생각을 우리의 가상환자 수잔을 포함하는 가상적인 상황에서 어떻게 적용하는지를 보여 주는 두어 가지 예시를 살펴보기로 합시다. 첫 번째 예시에서 수잔은 '어중간한 위치'에 있는 주제, 즉 남자친구 제프와의 애정관계를 끝내야 할지에 관한 결정에 대해 조언을 구하고 있습니다.

---

1) 심지어 답이 명백한 것으로 보이는 경우에도 흔히 우리가 좋은 조언을 가졌다고 확신하기란 매우 어렵습니다. 이에 대한 한 가지 이유는, 우리는 흔히 어떤 상황에 대해 왜곡되거나 부정확할 가능성이 있는 환자의 관점에만 전적으로 의존하고 있기 때문입니다.

수잔: 그래서 제프와 그만 만나려고 생각하고 있어요. 제 말을 귀담아들어 줄 때가 한 번도 없어요. 그래서 넌더리가 나요. ……선생님은 제가 어떻게 해야 한다고 생각하세요?

치료자: 그러니까, 저의 첫 반응은 이 모든 게 아주 갑작스럽다는 겁니다. 제프와의 관계를 끝내겠다는 생각을 언급하신 적이 없어서요. (**직면**) 뭣 때문에 이렇게 되었는지 제가 이해하도록 도와주세요. (**명료화**)

수잔: 말씀드린 것처럼. 그는 제 말을 귀담아들어주지 않아요. 자기 자신의 생활에만 너무 몰두해요. 이건 제가 원하는 유형의 관계가 아니에요. 제게 어떤 일이 일어나고 있는지 진짜 마음을 쓰고 시간을 내어 제 얘기를 들어 주는 사람과 관계하고 싶어요.

치료자: 제프가 당신에게 거리를 두고 있고 무관심한 사람으로 느껴진다는 말씀으로 들립니다. 그래서 당신의 욕구가 채워지지 않고 있다는 말씀이네요. (**직면**)

수잔: 그러니까 제가 그를 떠나야 한다는 말씀인가요?

치료자: (수잔으로부터 어떤 긴박감과 대인 간 압박을 알아차린다.) 저는 어느 쪽으로든 조언을 드린 건 아니예요. 우리가 이런 얘기를 하는 동안, 제가 아는 바가 별로 없는 이 상황에 대해 당신에게 어떤 조언을 하게끔 하려는 긴박감을 당신으로부터 느낍니다. 이런 상황이 저에게 어떻게 느껴질지에 대해 당신이 어떤 생각을 갖고 계신지 궁금하네요. (**명료화**)

수잔: 음…… 그것에 대해선 전혀 생각하지 않았던 것 같아요. 제가 던진 질문은 공정하지 않은 것 같군요.

치료자: 제프와의 관계를 끝낼 수도 있다는 생각은 상당한 스트레스를 줄 것이라고 이해됩니다. 스트레스 상황에서는 당신이 다른 사람의 입장에서 당신의 말과 행동이 미칠 영향을 고려하기가 더 어려울 수 있죠. (**해석**)

수잔: 그건 사실이라고 생각해요. 제가 공황상태에 빠지면 때로 둔감해질 수
　　　있다는 걸 알아요. 그러고 나면 나중에 그것 때문에 기분이 안 좋죠. 그
　　　런데 전 여전히 이 결정을 내리지 못하고 막혀 있어요.

치료자: 당신이 어떻게 할지 제가 조언해 주기를 원하시는 마음을 이해할 것
　　　같습니다. 다른 사람이 대신 결정하게 하면 당신 스스로 이 문제를 해결
　　　하려 할 때 느끼는 압박감이 좀 해소될 지도 모르거든요. **(해석)**

수잔: 상당히 심해요. 어젯밤부터 이 문제에 대해 고심하고 있거든요.

치료자: 그러니까, 저는 분명히 이 문제를 끝까지 이야기할 의향이 있습니다.
　　　우리는 함께 이 상황을 찬찬히 들여다볼 수 있지만, 결국에는 이 결정을
　　　내리기에 가장 좋은 위치에 있는 사람은 당신이라고 생각합니다. 그뿐
　　　만 아니라, 저는 또한 당신이 스스로 결정할 수 있는 사람이라고 확신합
　　　니다. 이 상황의 자초지종을 상세하게 말씀해 주시겠습니까?

　이 대화는 결정 내리기 쉽지 않은 어중간한 상황의 예시로서 환
자는 조언을 요청하고 있고 치료자는 그것을 거부하고 있습니다.
이 대화를 의미의 네 가지 수준에 따라 생각해 봅시다. 수잔은 치
료자에게 남자친구 제프와의 관계를 지속할지 말아야 할지에 관한
딜레마에 대한 조언을 구하고 있습니다. 이것은 구체적 혹은 피상
적 수준의 이해에 해당될 것입니다. 이 대화는 수잔이 제프를 어떻
게 보고 있는지에 관해 우리에게 무엇을 말해 줍니까? 치료자는 제
프에 관한 수잔의 활성화된 **대상표상**, 즉 그를 그녀와 거리를 두고
있고 무관심한 사람으로 보는 것(이런 시각이 현실에 맞는 것인지는
알기 어렵습니다)에 대한 언급으로 직면시킵니다. 자기 자신을 어떻
게 보고 있는가(즉, 수잔의 **자기표상**)의 측면에서, 수잔은 자신이 남

자친구에게 거부당하고 평가절하되고 있다고 보고 있는 것 같지
만, 자신이 마음먹으면 이 관계를 끝낼 수 있는 힘을 갖고 있음을
알고 있습니다(즉, 자신이 완전히 무력하다고 보고 있지는 않습니다).
자기표상과 **대상표상**을 연결하는 정서들은 짜증과 양가감정 및 긴박
감인 것 같습니다(이것은 모두 수잔의 긴박감과 치료자에게 조언해 달
라는 요구로 확증됩니다). 치료자는 수잔의 감정상태의 이러한 측면
들이 투사되고 있음을 인식하고 있는 것 같습니다. 치료자는 이러
한 여러 정서상태와 동일시하고 이에 따라 무의식적으로 어떤 행
동을 하기(예: 짜증이 나게 되고 수잔의 질문에 충동적인 혹은 그럴듯한
답변을 제공하기)보다, 수잔에게 그 상황과 그녀의 행동으로 인해
치료자가 가질 수 있는 느낌들에 대해 성찰해 보도록 요청합니다.
이것은 수잔에게 자신의 감정상태를 깊이 생각해 보고 또한 치료
자의 감정상태도 상상해 보기를 요구합니다. 이런 개입은 수잔의
정신화 능력을 관여시키고 이를 기르는 데 도움이 될 수 있습니다.

그렇다면 이 대화를 제4수준의 의미—치료자와의 관계에 대해
수잔이 전달하고 있는 것—의 측면에서는 어떻게 이해할 수 있을
까요? 여기에는 두어 개의 가능성이 있는 것 같습니다. 어느 쪽이
더 개연성이 높을지는 부분적으로 수잔이 치료관계를 최근에 어떻
게 경험하고 있는지에 달려 있을 것입니다. 수잔은 남자친구 제프
와의 관계와 치료자와의 관계 간에 존재하는 중요한 차이점을 알
아차렸을 가능성이 있습니다. 그녀는 자신의 연애관계에는 없다
고 지각하지만 치료관계를 특징짓는 속성—"제게 어떤 일이 일어
나고 있는지 진짜 마음을 쓰고 시간을 내어 제 얘기를 들어 주는 사
람"—을 언급합니다. 이것 때문에 수잔이 제프와의 관계에 의구심

을 갖게 된 것인지 모릅니다. 아니면, 수잔은 현재 치료자에게 느끼고 있는 감정—'거리를 두고 무관심한 사람'—을 남자친구 제프에게 전치하고, 그 결과 연애관계에 대해 의구심을 갖게 된 것인지도 모릅니다. 종종 그렇듯이, 이들 중 어떤 가설이 정확한 것인지(혹은 둘 다 정확하지 않은지) 치료자가 파악하려면 **명료화**를 더 할 필요가 있을 것입니다. 그러고 나면 연관된 주제를 어떻게 다루는 것이 가장 좋을지를 결정할 수 있을 것입니다.

이 상황에서 치료자는 조언에 대한 수잔의 요청을 거절함으로써 사람들과 상호작용할 때 다른 사람들로부터 투사된 긴박감에 반드시 반응할 필요는 없다는 것을 직접 보여 주고 있습니다. 치료자는 외부에서 상당한 압박이 주어지는데도 불구하고 결정을 나중으로 미루는 능력을 모델링하고 있습니다. 치료자는 수잔의 요청을 즉각 거절하지 않고, 그 대신 이 주제를 같이 풀어 가기 위해 함께 힘을 모아 노력하자고 제안합니다. 치료자는 궁극적으로는 수잔이 결정내리는 일에 책임을 져야 할 것임을 분명히 하고, 또한 그렇게 할 수 있는 능력이 그녀에게 있다고 안심시킵니다. 이것은 모두 병리적인 **투사적 동일시**(수잔이 투사한 긴박감과 양가감정 및 공격성을 포함하는)에 대한 성숙하고 사려 깊은 반응의 모델링입니다.

자, 이제는 요청이 없는데도 치료자가 자발적으로 조언을 제공하는 예시로서 다른 치료회기의 일부를 들여다봅시다. 이 회기에서 수잔은 직장에서 어떤 문제 때문에 상사에게 느끼는 좌절감에 대한 부차적인 문제로 충동적으로 다른 주(州)의 어떤 도시로 옮겨 재취업하는 것(심리치료를 중도하차하게 만들 결정)에 대해 얘기하고 있습니다.

수잔: 저는 정말 그에게 진저리가 나요. 그가 원하는 모든 걸 해 주려고 엄청 애쓰고 있는데 그는 점점 더 많은 걸 기대할 뿐이에요. 절대 끝이 없어요. 어떻게 해서 제가 그의 개인적인 심부름도 하게 되었는지 모르겠어요. 저는 사무실 관리자이지 그의 개인노예가 아니잖아요! 그에게 본 때를 보여 줄 거예요. 사표 내고 시카고로 갈 거예요. 거기에도 우리 회사 지사가 있는데 제 자리와 똑같은 자리에 공고가 났어요. 저는 그 자리를 차지할 거라 확신해요. 제가 업무경험이 많거든요. 어차피 이 도시가 넌 더리가 나기도 하구요.

치료자: 이 상황 때문에 짜증이 많이 나신 것 같습니다. (**직면**) 저한테 자초지종을 상세히 말씀해 주시겠습니까? (**명료화**)

수잔: 자초지종을 살펴볼 게 뭐가 있어요? 해결책은 아주 단순한데요. 그리고 제프와 제가 함께할 운명이라면 장거리 관계로도 지속될 거예요.

치료자: 그러니까, 멀리 가 버리면 상사와의 갈등은 끝날지도 모릅니다. 그리고 상사는 서둘러 회사에서 당신 자리를 채울 다른 사람을 찾을 수밖에 없겠죠. 근데 그처럼 충동적으로 옮기는 것이 당신의 삶에는 어떤 영향을 줄 거라고 생각하십니까? (**명료화**)

수잔: 제 물건을 다 옮기는 것, 그래서 이삿짐 트럭을 렌트하는 걸 뜻하겠죠. 제가 새 주거지와 새 직장을 찾아야겠죠. 제프와의 관계에 상당히 어려운 상황이 될 것 같고요. 그리고 여기 오는 것도 그만둬야겠죠. 모르겠어요! 사는 게 왜 이리 어렵죠?

치료자: 옮긴다는 생각은 솔깃해 보일 수 있지만, 그것은 감정적이고 대인관계적인 문제를 지리적 방식으로 해결하려는 시도입니다. (**해석**) 이 시점에서 충동적으로 결정하면 당신이 방금 파악한 대로 당신 삶에서 중대한 변동이 생길 것입니다. 우리가 여기서 하고 있는 작업도 곧바로 중단

시키게 될 거라고 말씀하셨는데, 그건 정말 유감스러운 일일 것입니다. 우리가 함께 세세하게 검토할 때까지 결정을 보류하는 것에 대해 어떻게 생각하십니까?

수잔: 논리적으로는 선생님 말씀이 아마 맞을 거라는 걸 알아요. 저는 그저 제 상사가 제가 느끼고 있는 걸 느끼게 만들고 싶어요.

치료자: 아주 흥미로운 말씀입니다. 좀 더 말씀해 주지 않겠습니까? (**명료화**)

이 대화에서 치료자는 수잔이 상사와의 대인 간 · 직무 관련 문제들에 대한 반응으로 충동적으로 직장을 옮기려는 솔깃한 생각에 대해 요구받지 않았는데도 조언을 하고 있습니다. 수잔은 **편집-분열 자리**에서 고통을 받고 있는 듯 보입니다. 그녀는 공황상태에 빠져 자신의 문제에 대해 오로지 한 가지 해결책만 보고 있습니다. 치료자는 감정의 강렬함이 잦아들고 그녀가 이 상황의 모든 측면을 고려할 수 있을 때까지 결정을 연기하라고 제안합니다. 치료자의 조언은 충동적으로 다른 도시로 옮겼을 때 일어날 수 있는 결과들에 대한 염려를 나타냅니다. 이런 결과 가운데 하나는 수잔의 심리치료가 조기종결될 것이라는 것입니다. 이 때문에 치료자의 조언은 수잔의 치료를 보호하는 기능도 수행합니다. 이 대화는 또한 환자가 위기에 처하거나 혹은 환자의 치료가 위태로울 때는 좀 더 지지적인 접근(조언하기는 지지적 기법으로 간주됩니다)으로 전환하는 것이 수용되고 적합할 수 있음을 보여 줍니다.

Chapter 20

자기노출

조언하기처럼 치료자의 자기노출도 초심 치료자들이 곤란해하는 주제입니다. 잠재적으로 복잡한 결정을 검토하는 것에 대한 불안을 줄이기 위해 이런 주제들에 관해 흑백논리의 관점을 채택하려는(그런데, 이것은 **분열**의 한 형태가 될 수 있습니다) 충동을 느낄 수 있습니다. 앞 장에서와 마찬가지로, 환자와 상황을 먼저 고려하지 않은 채 경직된 자세로 자기노출을 치료기법의 선택지에서 배제시키는 일을 피하라고 제안하고 싶습니다. 자기노출 주제는 대체로 환자들의 요청으로 인해 나타납니다. 물론, 환자의 치료에 유익하다고 여겨질 때는 치료자가 자발적으로 개인적인 정보를 노출하기로 선택할 수도 있습니다.

우리는 제13장 '치료에서 일어나는 갈구함'에서 자기노출에 대한 환자의 요청이라는 주제를 간접적으로 다룬 적이 있습니다. 수잔은 치료관계에서 노출의 상대적 양이 명백하게 불균형하다는 점을 언급했습니다. 이 예시는 흔히 환자의 갈구함이 치료관계에서 애착감정이 커짐에 따라 강렬해진다는 것을 보여 줍니다. 이것은 보통 환자가 좀 더 균등한 힘의 균형을 이루려고 시도하는 노력으로 이어집니다. 또한 치료자에게 개인적인 정보를 노출하라는 요청으로 이어지기도 합니다. 환자가 의미의 제4수준에서 진행되는 논의를 견뎌 낼 수 있다면, 나는 보통 앞서 언급한 과정을 탐색해 보도록 격려할 것입니다. 그런데 노출해 달라는 요청 자체에 대해서는 어떻게 해야 할까요? 여러분은 질문에 답을 해야 할까요? 아니면 회피해야 할까요? 다음은 개인적인 질문에 대답할지 말지를 결정할 때 내가 일반적으로 고려하는 몇 가지 핵심주제입니다.

1. 이 환자는 경계를 어떻게 관리하는가?
2. 어떤 종류의 정보를 달라고 하는가?
3. 나는 이 요청을 의미의 네 가지 수준에서 볼 때 어떻게 이해하고 있는가?

나는 원래 첫 번째 질문을 맨 끝에 놓으려 했습니다. 그러다가 내가 보통 이 주제에 부여하는 중요성을 깨닫고 그것을 맨 앞에 둬야겠다고 결정했습니다. 일반적으로 나는 개인적 경계와 대인관계에서의 경계가 허술한 환자들에게는 개인정보 노출을 꺼려합니다. 이런 환자들에게는 치료관계에서 경계를 유지하는 일이 무엇보다도 중요한데, 그 이유는 제6장 '규칙과 경계의 가치'에서 살펴보았습니다. 환자가 자신의 경계(대인 간 경계와 환자의 자기감과 연관된 경계 둘 다)를 설정하고 유지하는 법을 배우는 중요한 방식 중의 하나는 치료자가 정하고 지키는 경계에 접촉해 보는 경험에 의한 것입니다. 만약 경계가 어떤 특정한 환자에게 중요한 문제라면, 노출의 정당한 이유를 찾기 위해 나는 보통 두 번째와 세 번째 질문에 대한 확실한 대답을 구할 것입니다.

다음 간략한 대화는 치료자가 개인정보 노출을 거절하는 상황의 예시를 보여 줍니다.

수잔: 선생님한테 어떤 걸 물어보면 괜찮은지, 어떤 건 괜찮지 않은지 잘 모르겠어요. 선생님에 대한 좀 더 개인적인 질문 같은 거 말이에요.

치료자: 원하시는 건 뭐든 물어보셔도 됩니다. 그렇지만 제가 어떤 질문에는 대답하지 않기로 결정할 수도 있습니다.

수잔: 때로는 선생님이 어디 사시는지, 집은 어떻게 생겼는지, 집 안에는 어떤 색깔을 칠하셨는지 등등이 궁금해요.

치료자: (침묵)

수잔: 혹시 자녀가 있으세요?

치료자: 저에 관해 더 많이 알고 싶어 하시는 건 자연스러운 일이라고 생각합니다. 그렇지만 사실 저는 어떤 환자와도 제 가정생활의 세부사항에 관해 얘기하지는 않습니다. 여기에 대한 당신의 호기심 이면에 뭐가 있는지 말씀해 주세요. (**명료화**)

수잔: 모르겠어요. 그냥 선생님이 좋은 아버지이실 거라는 생각이 들어서요.

치료자: 그렇게 말씀해 주시니 고맙습니다. 그것에 대해 좀 더 말씀해 주세요.

〈명료화〉

> 수잔: 아, 모르겠어요. 선생님은 느긋하신 분 같아요. 제 말을 들어 주시고……
> 그리고 화를 내거나 기분 나빠하는 것처럼 보이지 않아요. 선생님은 언
> 제나 한결같은 일관된 분이에요. 제가 보기에는.

이 예시에서 수잔은 치료자에 관해 더 개인적인 질문을 하게 해
달라고 요청했습니다. 이런 일이 늘 있는 것은 아닙니다. 환자들은
때로 아무런 사전예고 없이 아주 개인적인 질문을 던질 것입니다.
혹은 단계적으로 조금씩 점점 더 개인적인 질문을 던져서, 어디가
경계선인지 그리고 심지어 경계선이 있기는 한 것인지를 알아내려
고 할 수 있습니다.

앞의 예시에서 수잔은 치료자가 세우는 경계에 화를 내지 않았
습니다. 오히려 이 경우에는 치료자가 경계를 견지한 것이 그를 '일
관된' 사람으로 지각하는 환자의 관점을 강화했다고 추정해 볼 수
있습니다. 이렇게 경계의 지속성을 보여 준 것이 꽤 안도감을 주는
행동으로 지각되었을 수 있습니다. 환자들은 흔히 의식적으로나
무의식적으로 치료자의 이러한 경계설정에 주목합니다. 수잔과 같
은 환자가 그 다음 주에 와서 어떤 관계에서 스스로 분명한 경계를
만들거나 지킬 수 있었던 사례에 대해 얘기하는 일은 드물지 않게
일어납니다. 이때 환자들이 이것을 그 전 주 치료에서 일어난 일과
의식적으로 연결시키려 하지는 않더라도 말입니다. 이것은 환자가
치료자의 어떤 측면을 무의식적으로 내면화함으로써 치료에서 진
전이 일어날 수 있는 한 가지 방식의 예시입니다.

치료에서 자신에 관한 정보를 노출하는 것이 적절한 때는 언제

일까요? 환자가 적절한 경계를 만들고 유지하는 능력을 보여 주었다면, 선택적인 자기노출은 일종의 '정상화' 효과가 있는 안심시켜 주기(normalizing reassurance, 예: "치료자도 비슷한 상황에서 나처럼 반응했다면 나는 괜찮은 게 분명해.")를 제공해 주고, 치료자와의 **동일시**(identification)를 통해 치료적 라포를 더 깊게 해 줄 수 있습니다. 이러한 공유된 경험은 공통적인 역사적 연결성을 나타내고, 이를 통해 환자가 치료자의 가치로운 자질이 자신 안에도 있음을 인식하게 해 줍니다. 그렇지만 자기노출의 회피가 치료에서 경계를 고수하는 것을 나타냈듯이, 역으로 개인적인 정보를 드러내는 것은 치료에서 경계를 느슨하게 하는 것을 나타낸다는 점을 언급해야겠습니다. 이런 이유로 나는 자기노출 기법을 매우 선택적으로 사용하는 편입니다.

자기노출에 대한 결정은 요청되는 정보의 유형에 따라서도 달라집니다. 일반적으로, 나는 내 사생활의 세부사항보다는 환자에 관한 내 생각이나 느낌을 좀 더 노출하는 편입니다. 환자에 대한 치료자의 생각이나 느낌은 흔히 치료과정과 관련됩니다. 나는 대체로 이런 소재의 노출을 경계 위반(boundary transgression)으로 여기지 않고, 오히려 치료가 앞으로 나아가도록 도울 수 있는 치료관계의 유용한 측면으로 봅니다. 수잔이 치료자에게 회기노트에 적고 있는 것이 무엇이냐는 질문을 던졌던 제13장 '치료에서 일어나는 갈구함'에서 이런 유형의 노출을 요청하는 예시를 본 적이 있습니다. 이 주제는 치료에서 꽤 자주 등장하는 편이기 때문에 이와 유사한 예시를 살펴봅시다.

수잔: 선생님은 틀림없이 제가 아주 이상한 인간이라고 생각하고 계실 거예요.

치료자: (침묵을 지킨다. 이 대화가 어디로 갈지 보려고 기다린다.)

수잔: 제 말 뜻은 저란 사람이 엉망진창이라는 거죠. 안 그래요? 금방 남자친구와 관계를 끝내겠다고 하다가, 그 다음에는 상사에게 넌더리가 난다고 짐 싸서 다른 도시로 가 버리겠다고 하고. 그런데 선생님은 절대로 진짜 저를 비난하지 않아요. 선생님은 제 문제가 뭐라고 생각하시는지 궁금해요.

치료자: (애착감정이 전해지는, 감사의 마음이 담긴 수잔의 어조에 주목한다.) 제가 당신에게 도움이 됐다고 느끼신다는 말씀으로 들립니다. 그걸 고마워하시는 것 같습니다. (**직면**)

수잔: 예, 그런 것 같아요. 근데 제 질문에 대한 답은 안 하시네요.

치료자: 맞습니다. 당신이 표현한 감사의 느낌과 당신의 문제에 대한 저의 지적인 이해에 관한 당신의 질문이 서로 어떻게 연결되는지에 대해 제가 좀 의아해하고 있습니다. 혹시 그 질문의 기저에는 제가 당신한테 어떤 느낌을 갖고 있는지 알고 싶은 마음이 있는 게 아닌지 궁금합니다. 그런데 당신에 대한 저의 느낌보다는 생각을 물어보는 것이 당신에게는 좀 더 편안하게 느껴질 수도 있겠다는 생각이 듭니다. (**해석**)

수잔: (약간 불안해 보인다.)

치료자: 나는 또한 당신이 그 질문에 대한 답을 이미 알고 계신다고 믿습니다. 제가 당신을 배려한다는 걸 알고 계신다고 생각합니다. 제가 저의 환자들을 모두 배려하는 것처럼 말이죠.

수잔: (몇 초 동안 침묵. 막 눈물을 흘릴 것처럼 보인다.) 그 마지막 부분은 별로 맘에 안 들어요.

치료자: 어느 부분 말씀입니까? (**명료화**)

수잔: 선생님의 환자들 모두라고 하신 부분 말이에요. 선생님이 다른 환자들을 보시는 것에 대해선 정말 생각하고 싶지 않아요. 어떤 면에서는 제가 선생님의 유일한 환자라고. 아니면 제가 왠지 특별한, 그러니까, 선생님의 다른 환자들과는 차이가 있다고 생각하고 싶어요.

치료자: 무슨 말씀이신지 이해할 수 있습니다. 그 부분은 이 치료관계에 있는 어떤 불균형과 상관이 있다고 생각합니다. 저는 많은 환자들을 보고 있는데 당신은 한 명의 치료자만 보고 있다는 사실처럼 말이죠. 이런 불균형이 당신에게 불편하다는 걸 충분히 이해할 수 있습니다. 당신이 저에 대해 긍정적인 느낌을 경험하고 있다는 점을 감안하면 말이죠. 그 느낌들에 관해 좀 더 말씀해 주실 수 있을까요? (**명료화**)

　이 대화에서 치료자는 수잔이 가지고 있는 좋아하는 느낌과 감사의 마음이 담긴 느낌에 대해 언급합니다. 이에 대한 반응으로 수잔은 자신에 대한 치료자의 느낌을 직접 물어보기보다 자신의 어려움에 대한 치료자의 지적인 개념화에 대해 질문을 던집니다. 치료자는 수잔이 이처럼 **주지화**(intellectualization)를 사용하는 것을 애착감정과 관련된 불안에 대한 방어로 해석합니다. 그런 다음 치료자는 자신이 수잔을 배려하는 느낌을 경험하고 있음을 언급하면서 이러한 느낌의 한계도 알려 줍니다. 이에 대한 수잔의 응답("그 마지막 부분은 별로 맘에 안 들어요.")은 그녀가 이러한 한계에 대해 실망감을 느끼고 있음을 시사합니다. 그러자 치료자는 치료관계에 있는 어떤 불균형을 수잔이 불편해하는 데 대해 공감합니다. 이 시점에서 치료자는 수잔에게 불균형에 관한 느낌을 좀 더 말해 보라고 요청할 수도 있습니다. 그런데 이렇게 한다면, 그것은 수잔이 좋아하는 감정을 논의하는 것을 불편해하고, 이런 불편함을 투사한 것에 대해 치료자가 **동일시**했음을 나타낼 수 있습니다. 예시에서 치료자는 이렇게 하는 대신에 수잔이 경험하고 있는 불편함이 치료자에 대한 긍정적인 감정과 연결되어 있음을 알아차리도록 돕습니다. 그리고 이어서 수잔에게 이런 긍정적인 감정을 좀 더 자세하게 얘기하라고 요청합니다.

치료자가 사생활에 대한 노출 요청에 맞닥뜨리면 그 순간의 열기 때문에 잘 판단해서 대처하기가 어려울 수 있습니다. 그 이유는 흔히 이런 순간에는 즉각적으로 반응하라는 투사된 압박이 따르기 때문입니다. 그래서 제19장('치료에서 조언하기')에서 제시한 첫 번째 예시 대화에서 보여 주었듯이, 여러분이 이 주제에 관해 분명한 생각을 가질 수 있을 때까지 결정을 연기하는 것이 유용하고 치료적일 수 있습니다. (예를 들면, "이 시점에서는 제가 당신의 질문에 답해야 할지 말지를 정말 잘 모르겠습니다. 당신의 질문은 이 관계의 경계와 관련된 몇 가지 중요한 주제들을 제기합니다. 어쩌면 우리가 이 주제들을 먼저 탐색할 필요가 있는 게 아닌가 하는 생각이 듭니다.") 이렇게 하면 여러분은 H.O.R.E.S.와 C.O.S.T. 접근법을 사용하여 주어진 상황을 숙고하는 시간을 좀 더 벌 수 있습니다.

이 장을 쓰면서 치료자의 사생활에 대한 적절한 자기노출의 예(환자로부터 요청이 있었든지 없었든지 간에)를 생각해 내는 것은 힘든 과제였습니다. 그 이유는 경계 주제가 내가 만나는 많은 환자에게 치료의 핵심 부분이 되는 경향이 있기 때문에 내가 사생활을 노출하는 경우가 아주 드물기 때문이라고 생각합니다. 그런데 내가 노출할 수도 있는 한 가지 상황이 있는데, 그것은 치료자의 부재와 관련된 경우입니다(예: 휴가나 학회 참석으로 인해). 나는 일반적인 규칙으로 내가 부재하게 될 경우 나의 모든 환자에게 가능한 한 일찍 공지합니다. 경계가 핵심주제가 아닌 환자들(즉, 치료관계에서 일관되게 양호한 경계를 보여 준 환자들)의 경우에는, 이들이 정보를 요청하면 휴가나 학회 장소를 알려 주기로 결정하기도 합니다. 다른 환자들에게는 더 상세한 정보 요청을 들어 주지 않을 수도 있습니다. 물론 환자들은 치료자가 상세한 정보 제공을 자제하고 있음을 알아차릴 것입니다. 이것은 일반적으로 치료관계에서의 불균형과 이에 대한 환자의 반응에 관한 논의로 이어질 것입니다. 따라서 이런 환자들과 경계를 좀 더 엄격하게 지키는 일은 실제로 치료주제로서 경계에 대한 더 깊은 탐색을 촉진하는 역할을 합니다.

Chapter
21

치료에서 선물

이 장에서 우리는 환자가 치료자한테 선물을 주고 싶어 하는 상황을 이해하고 다루는 방법에 대해 논의할 것입니다. 이것은 많은 초심 치료자에게 거북한 상황이 될 수 있습니다. 선물을 받게 되면 치료적 경계가 느슨해지는 것을 감수해야 합니다. 반면에 선물을 거절하면 그것은 마치 치료자가 환자의 감사와 배려의 감정을 깎아내리는 것으로 느껴질 수 있습니다. 이런 딜레마를 피하려고 어떤 치료자들은 치료에서 선물에 관해 흑백정책을 채택합니다. 그래서 어떤 치료자들은 거의 언제나 선물을 받는 쪽을 택합니다. 또 어떤 치료자들은 기본적으로 절대로 선물을 받지 않겠다고 결정합니다. 여러분이 앞의 몇 장을 읽었다면, 이렇게 미리 정해지고 경직된 방침에 대해 내가 어떤 대안을 제안하려 하는지 아마 추측할 수 있을 것입니다. 바람직한 행동경로를 결정하기 위해 의미의 네 가지 수준에 따라 환자와 선물, 상황 각각의 특수성을 고려한다는 것입니다.

선물 수락은 치료적 경계 문제를 포함하기 때문에 나는 치료자 자기노출의 요청에 관해 논의했던 것과 유사한 접근법을 제안하고자 합니다. 좀 더 구체적으로, 다음 세 가지 질문을 여러분 스스로에게 던져 보라고 제안하고 싶습니다.

1. 이 환자는 경계를 어떻게 관리하는가?
2. 이 선물은 치료에 대한 감사의 작은 징표로 얼마나 적절한가?
3. 의미의 네 가지 수준에서 볼 때 나는 이 제스처를 어떻게 이해하는가?

자기노출의 경우처럼, 여기에도 고려해야 할 많은 주제가 있습니다. 모든 조건이 같다면, 경계 문제가 심각한 환자가 주는 선물을 내가 수락할 개연성은 더 낮을 것입니다. 게다가 어떤 선물들은 본질적으로, 환자의 경제적 자원이나 문화적 규범을 고려하는 것과는 별개로, 감사의 작은 징표로 보기에는 명백히 부적절합니다(예: 치료자에게 집 한 채를 선물하기). 그리고 경제적으로 여유가 없는 환자들에게는 작은 선물처럼 보이는 것조차도 엄청난 경제적 부담일 수 있기 때문에 부적절할 수 있습니다.

어떤 상황에서는 정중하게 선물을 거절하고 (예: "제가 분명히 이 선물에 담긴 감사의 마음은 받고 귀하게 여기지만, 이 관계에서는 경계가 매우 중요하기 때문에 선물 그 자체는 받을 수 없습니다."), 그런 다음 환자와 함께 그 선물의 의미와 치료자의 거절에 따른 영향을 상세히 논의하는 것이 바람직한 행동경로라는 점이 아주 분명할 수 있습니다. 다른 상황에서는 정중하게 선물을 받고(예: "고맙습니다. 정말 친절하고 자상하십니다.") 그런 다음 다시 그 상황을 환자와 함께 논의하는 것이 적절한 행동경로라는 점이 분명해 보일 수 있습니다.[1] 하지만 많은 상황이 이런 두 경우의 중간에 놓일 것이기 때문에 바람직한 행동경로가 처음에는 불명확해 보일 수 있습니다. 게다가, 선물 주기에는 흔히 **투사적 동일시**가 포함되어 있습니다. 그 결과, 치료자는 흔히 잘 생각해 보지 않고 선물을 받으라는 엄청난 압박을 경험할 것입니다. 이런 때에는 이것이 양자택일 상황이 아님을 기억하는 것이 도움이 됩니다. 거의 언제나 세 번째 선택방안이 존재합니다. 그것은 결정을 나중으로 미루는 것입니다. 가상의 환자인 수잔과 나누는 예시 대화를 통해 이렇게 어중간하게 놓인 상황 하나를 부분으로 나누어 살펴봅시다.

> (약속 시간이 막 끝나는 시점에 수잔이 자리에서 일어난다. 그녀는 가방에서 대략 반지 상자 크기 정도의 포장된 작은 선물을 꺼낸다. 그리고 이 선물을 치료자에게 주려고 팔을 뻗는다.)
>
> **수잔**: 아 참, 가기 전에 선생님이 주신 도움에 고맙다는 말씀을 전하려고 이걸 드리고 싶어요. 저를 위해 해 주신 모든 것이 정말 고맙습니다. 이건 제가 고른 그저 조그만 선물이에요. 별거 아니에요. 선생님이 좋아하실 수

---

1) 현재 회기와 그 다음 회기 동안 선물을 눈에 잘 띄는 곳(예: 치료자의 책상 위)에 두는 것은 그 선물의 중요성과 의미를 논의하도록 환자를 부드럽게 자극하는 유용한 전략이 될 수 있습니다.

도 있겠다고 생각했어요.

치료자: (수잔이 주는 선물을 받지 않는다.) 아, 이런…… 정말 친절하십니다. 근데 우리 회기가 끝난 뒤에 이런 걸 주셔서 저를 좀 놀라게 하시는군 요. 혹시나…….

수잔: (말을 가로채며) 선생님이 원치 않으신다 해도 별일 아니에요. 저는 언제 든 환불하면 되니까요.

치료자: 제가 막 드리려고 했던 말씀은 이 주제에 대해 충분한 시간을 갖고 관 심을 기울일 필요가 있는데, 아쉽게도 우리는 그렇게 할 수 없다는 것이 었습니다. 다음 회기를 시작할 때 이 선물에 대해 얘기할 수 있도록 혹 시 이것을 다음 시간에 갖고 오는 게 괜찮으신지 궁금합니다.

수잔: 선생님이 이걸 원치 않으신다면 가지고 와야 할 필요가 없죠.

치료자: 제가 말씀드린 것처럼, 이것은 아주 친절한 제스처입니다. 그런데 타 이밍에 있어서 제가 좀 준비가 안 된 상태일 때 주셨습니다. 치료자에게 선물을 하는 것은 오늘 우리에게 남은 시간보다는 더 많은 시간을 들여 야 할 좀 특수한 상황입니다. 그래서 이 시점에서는 제가 그 선물을 받 을지를 말씀드리기가 어렵습니다. 그렇지만 제가 말씀드릴 수 있는 것 은 정말 고맙다는 것과, 선물에 담긴 감사의 마음을 받겠다는 것입니다. 그리고 다음 시간에 이 선물을 갖고 와서 우리가 그것의 의미를 논의할 수 있게 해 주시면 좋겠습니다. 그래도 괜찮겠습니까?

수잔: 그러죠. 제가 뭘 잘못한 게 아니면 좋겠어요. 좀 기분이 어색해요.

치료자: 좀 어색한 상황이죠. 그 한 가지 이유는 우리가 오늘 이것에 대해 더 논의해 볼 시간을 가질 수 없기 때문입니다. 하지만 이와 같은 상황들은 우리가 여기서 함께하고 있는 작업의 중요한 부분입니다. 그리고 다음 회기부터 시작해서 우리는 필요한 만큼 이것에 관해 얘기할 수 있는 시

간이 충분히 있습니다.

수잔: 좋아요. 그럼 그때 뵙죠.

이 대화는 치료자가 **투사적 동일시**에 반응하여 반사적으로 선물을 받을 필요가 없다는 것을 보여 줍니다. 이 상황에서는 회기가 끝난 후에 선물이 주어졌기 때문에 상황을 처리하고 적절한 행동경로를 결정할 시간이 거의 없었습니다. 게다가, 선물이 포장되어 있었기 때문에 선물의 적절성 자체도 여전히 의문이었습니다. 그 결과, 치료자는 환자의 감사의 마음은 인정하기로 결정했으나 그 시점에서 선물을 받지는 않았습니다. 만약 그 선물이 포장되어 있지 않았다면, 치료자는 그것을 받았거나, 거절하기로 결정했거나, 혹은 다음 회기에 가져와 달라고 제안했을(예: 만약 치료자가 그 선물을 받을지 혹은 거절할지에 대해 여전히 확신이 없다면) 수 있습니다. 이 중 어떤 결정을 할지는 앞서 논의한 세 가지 질문에 대한 치료자의 숙고에 달려 있습니다. 치료에서는 일반적으로 선물에 강한 감정이 투여된다는 점을 감안하면, 혹시나 선물을 주는 태도와 시점에 대해 **역전이** 반응(어쩌면 불편함과 짜증을 포함한)을 경험하고 있더라도, 이런 상황에서는 정중하고 환자를 존중하는 자세를 유지하는 것이 특히 중요합니다. 이 예시를 좀 더 이어가서 다음 회기에 어떤 일이 일어나는지 살펴봅시다.

수잔: (치료자에게 선물—문진—을 준다.) 선생님 책상에 종이가 많아서 이게 있으면 종이가 날아가지 않게 보관하는 데 도움이 될 거라 생각했어요.

치료자: 정말 그렇겠습니다. 고맙습니다. 정말 친절하고 자상하십니다. 어떻게

이 선물을 하실 생각을 하게 되었는지 다 말씀해 주십시오. (**명료화**)

수잔: 그러니까, 선생님이 저를 많이 도와주셨다고 느껴요. 언제나 제 말을 잘 들어 주시고, 사람들과 제 개인적인 삶에 대한 저의 감정을 정리하도록 도와주시죠. 이번엔 제가 선생님한테 뭔가 좋은 걸 해 드리고 싶다는 느낌이 들었어요.

치료자: 우리가 이전에 논의한 적이 있는 이 관계의 어떤 불균형에 대해 말씀하고 계시군요. 그렇지만 오늘은 뭔가 다릅니다. 그런 불균형을 부정적인 시각으로 보고 있는 것 같지 않습니다. (**직면**)

수잔: 예, 저도 그런 것 같지 않아요. 있잖아요, 저번 회기 후에 선생님이 그걸 받으실지 확신할 수 없었거든요.

치료자: 그것에 대해 말씀해 주십시오. (**명료화**)

수잔: 지난주 회기를 마칠 때 마음이 좀 불편했거든요. 지난주에 그것에 대해 생각해봤어요. 제가 마지막 순간에 선생님한테 그걸 불쑥 내민 건 회기 중에 좀 더 일찍 선생님께 선물 드리는 게 불편했기 때문이라고 생각해요. 선생님이 그것에 대해 어떤 반응을 보이실지, 그리고 받으실지 안 받으실지 꽤나 걱정했던 것 같아요.

치료자: 제가 어떻게 반응하기를 바라셨나요? (**명료화**)

수잔: 그러니까, 무엇보다, 선생님이 그걸 받기를 바랐어요. 만약 선생님이 받지 않으셨다면 엄청 당황했을 거예요. 그 다음으로는 그게 선생님 마음에 들기를 바랐어요.

치료자: 그 선물이 마음에 듭니다. 그 선물은 저에 대한 당신의 긍정적인 감정을 나타냅니다. 그래서 제가 그걸 받는 게 당신에게 중요하다는 걸 이해할 수 있습니다. 받지 않는다면 마치 제가 당신의 배려하는 마음을 거절하는 것처럼 느끼셨을 겁니다. (**해석**) 지난 회기가 끝나는 딱 그 시점에

제게 선물을 주기로 한 결정에 대해 당신이 이해한 부분이 맞다고 생각

합니다. 그렇게 하면, 무슨 일이 일어나건 재빨리 나갈 수 있으니까요.

수잔: 맞아요. (미소를 띤다.)

치료자; 만약 그 선물이 정말로 저를 배려하는 마음을 나타내는 것이라면, 그

문진을 여기 제 사무실에 놓아 둔다는 건 당신이 여기 없을 때에도 당신

의 긍정적인 느낌을 생각나게 하는 어떤 걸 제게 남겨 두는 방법일 것

같군요. (**해석**) 이것에 대해 좀 더 말씀해 주실 수 있나요? (**명료화**)

이 대화에서 치료자는 수잔이 주는 문진을 받았고, 그런 다음 그
녀와 함께 그 선물의 의미를 탐색하는 단계로 나아갔습니다. 그들
은 선물을 하게 된 동기, 지난 회기에 대한 수잔의 반응, 치료자가
선물을 거절할 가능성에 대해 그녀가 느낀 불확실성, 치료자에 대
한 긍정적 느낌의 상징으로서의 선물, 그리고 선물이 치료자에게
중간대상(transitional object)[2]으로 작용하기를 바라는 의도에 대해
논의했습니다. 치료자가 선물을 거절하는 상황에서도 이런 주제들
은 모두 여전히 논의할 만한 관련성과 중요성을 가지고 있습니다.
그런데 이 경우 치료자의 거절에 대한 수잔의 반응을 깊이 있고 민
감하게 탐색하는 것이 특히 중요할 것입니다. 왜냐하면 선물을 거
절당하는 것이 많은 환자에게는 특히 마음 상하는 일이기 때문입
니다. 강렬한 감정이 관여될 수 있기 때문에 많은 환자는 애초에 거
절의 충격을 최소화하려고 할 것입니다(예: "이건 별거 아니에요. 고

---

[2] 아동기에 이것은 아이가 자신에게 위안을 주는 양육자의 속성을 부여한 담요나 장난
감, 또는 다른 무생물 대상입니다. 성인기에는 다른 기념물품들이 애착인물을 포함한
유사한 기능을 수행할 수 있습니다.

민하지 마세요."). 때로는 거절하는 시점에 이것을 해석하려 하기보다는 이후 회기에서, 감정이 덜 강렬할 때, 그 주제를 다시 다루는 것이 바람직합니다. 그 다음 회기에서 환자는 거절이 자신에게 어떤 영향을 주었는지를 좀 더 음미하고 논의할 수 있을 것입니다. 또한 치료자가 거절의 초기 충격을 최소화하려는 방어적 욕구에 대한 **해석**을 할 때 환자가 그것을 받아들이고 사용할 준비가 좀 더 되어 있을지도 모릅니다.

Chapter
22

종합편:
한 회기 예시

이 장에서는 실제 치료회기의 흐름을 시뮬레이션 해 보기 위해 좀 더 긴 대화를 살펴봅시다. 이 대화를 통해 여러분이 실제 치료회기가 어떨지 감을 잡을 수 있기를 바랍니다. 대화에는 치료자의 사고 과정을 밝히기 위해 치료자 관점에서 약간의 생각과 관찰 내용도 포함시켰습니다. 이 대화를 읽어 나가는 동안 의미의 네 가지 수준에 따라 무슨 일이 일어나고 있는지를 생각해 보십시오. 특히 제4수준(치료자와의 관계에 대해 무엇이 전달되고 있는지)에 따라 환자와 치료자의 상호작용을 이해해 보십시오. 여러분은 수잔의 **자기표상**과 **대상표상**, 그리고 이 표상을 연결하는 정서가 무엇인지 파악할 수 있겠습니까? 이 예시가 우리가 이미 다뤘던 소재들을 공고히 하는 데 도움이 되기를 바랍니다. 이 대화에는 여러분이 치료 활동에 유용하게 적용할 수 있는 몇 가지 새로운 아이디어와 기법도 소개되어 있습니다.

(수잔은 약속 시간에 딱 맞춰 도착한다. 치료자는 대기실에서 그녀를 맞이하고 회기를 시작하려고 사무실로 들어간다. 지난 몇 달 동안 수잔은 상사와 남자친구 제프 두 사람에 대한 좌절감을 논의해 오고 있다. 이런 좌절감은 그녀가 치료자를 원하는 것을 선뜻 주지 않고 보유하고 거절하는 사람으로 경험하는 것과 비슷한 부분이 있었다. 이에 따라 치료는 수잔이 자신과 다른 사람을 '전부 다 좋은' 혹은 '전부 다 나쁜' 사람으로 경험하는 경향(제16장 '치료자에 대한 언어적 공격'에서 논의한 바와 같이)을 직면하고 해석하는 데 초점을 두어 왔다. 최근에 수잔은 자신과 다른 사람들을 부정확하고 양극화된 시각으로 보고 경험하는 경향에 대한 통찰을 얻고 있는 것처럼 보인다. 자신과 애착인물들이 좋은 면과 나쁜 면을 모두 동시에 갖고 있다고 보는, 새로운 능력이 길러지고 있다는 증거를 보여 주고 있었다. 지난 몇 주 동안 수잔은 거절하는 사람 · 원하는 것을 주지 않고 보유하는 사람으로 치료자를 경험하는 데 초점을 덜 맞추고, 치료에 대한 감사의 감정에 좀 더 초점을 두었다. 치료자가 조용히 기다리는 가운데 회기가 시작된다.)

수잔: 저번 회기 후에 정말 기분이 좋았어요. 그게 아주 긍정적이라고 생각했어요. 요즈음 전반적으로 좀 더 느긋한 기분이 든다고 생각해요.

치료자: (이 시점에서 수잔의 정서에 대해 질문하는 식으로 개입하기보다, 침묵을 지키면서 그녀가 이 회기를 어디로 끌고가기로 선택하는지를 지켜보기로 마음먹는다.)

수잔: 이번 주 초에 우연히 고등학교 때 친구를 만났어요. 그러니까, 우린 친구

같은 사이였어요. 가깝거나 뭐 그런 사이는 아니었단 뜻이죠. 아무튼, 여유 시간이 좀 있어서 함께 커피를 마시러 가기로 했어요. 저는 제가 초조하고 거절당할까 봐 겁을 낼 거라고 예상했어요. 이런 부류의 상황에서 대체로 제가 그런 것처럼 말이죠. 그런데 그렇지 않았어요. 제 마음이 꽤 차분했고, 대화가 느려져 아무도 말을 하고 있지 않았던 때가 두어 번 있었는데 그때도 차분했어요.

치료자: 그러니까, 여기서 침묵을 좀 더 편안하게 느끼고 계시는 것처럼, 그 상황에서도 좀 더 편안했다는 말씀이군요. (수잔이 치료 중에 침묵을 점점 더 편안해하는 것과 이번 주 초에 있었던 지인과의 비슷한 경험 간의 유사점에 대해 해석한다.)

수잔: 예. 나중에 그것에 대해 생각해봤어요. 그리고 제가 깨닫게 된 건, 아무도 말하지 않는 그런 어색한 순간이면 제가 내놓을 얘깃거리가 없다는 생각이 들어 저는 언제나 정말 공황상태에 빠지고 저 자신을 비판하거나 아니면 좀 짜증이 나면서 상대방이 저에 대해 비판적인 어떤 생각을 하고 있으면서 저한테는 알려 주지 않고 있다고 확신하곤 한다는 거죠. 그런데 이번에는 그러지 않았어요. 저는 그저 거기 앉아서 저 자신이나 제 친구 줄리를 판단하지 않고 그냥 그 상황을 관찰했어요. 그때 그 일이 일어나고 있는 동안 그게 제가 여기 앉아 있으면서 우리 중 아무도 말하지 않고 있는 때와 좀 비슷하다고 생각했던 기억이 나요.

치료자: (환자가 자신의 경험을 스스로 살펴보는 이 순간을 방해할 필요가 없다고 생각하고 침묵을 지킨다. 현재의 침묵하는 순간과 수잔의 마지막 발언 간의 유사성에 말없이 주목한다. 치료자는 말이 중단된 동안 자신이 평온함을 느끼는 것에 주목하면서, 이런 느낌은 그 순간 침묵이 이어짐에도 불구하고 수잔 역시 편안하게 느끼고 있음을 나타내는 것이라고

추측한다.)

수잔: 있잖아요. 이번 경험을 통해서 실제로는 그게 아닌데도 사람들이 저를 거부한다거나 공격한다고 얼마나 자주 생각했었는지에 대해 생각해 보게 됐어요. 제가 선생님을 힘들게 했던 모든 시간처럼 말이죠. 선생님이 휴가 가셨을 때가 기억나요. 그땐 선생님이 의도적으로 저를 버리신 것 같았고 선생님이 그것보다는 처신을 잘해야 한다고 느꼈어요. 제가 부당한 짓을 했죠. 그때 제가 그처럼 선생님에게 화풀이하지는 말았어야 했어요. 선생님도 다른 사람들처럼 휴가를 가질 수 있어야죠. 근데 저는 그걸 개인적인 거절로 여겼죠. 하지만 그게 아니었다는 것을 알아요. 때로 저는 선생님에게 아주 고약했어요. 그것에 대해 제 기분이 좋지 않아요. 이것이 선생님께 선물을 드리고 싶었던 이유 중 하나라고 생각해요. 그런 일을 선생님이 참아 주신 것을 제가 고마워한다는 걸 보여드리려고요.

치료자: (수잔이 하는 말을 들으면서 그녀에게서 배려하는 느낌을 알아차린다. 그녀의 발언이 그녀의 **대상표상**에서 좋음과 나쁨이 통합되고 있음을 나타내는 것인지, 아니면 그녀가 치료자에 대한 이상화된 지각으로 전환한 것인지 궁금해한다. 수잔의 발언이 **우울 자리**로의 전환 가능성과 일관된 것을 알아차린다.) 말씀을 들어 보니, 당신이 제가 당신을 거절한다고 경험했던 그때 한 행동에 대해 후회하고 계신 것 같습니다. (**직면**)

수잔: 그런 것 같아요. 그때가 저의 최고의 순간들은 아니었죠. 저는 아직도 때로 몹시 화가 날 때가 있어요. 제프에게 그런 것처럼 말이에요. 그리고 제프에게 정말 화가 나면 속도를 늦추고 제 자신을 관찰하는 게 힘들어질 수 있어요. 그래도 제가 나아지고 있다고 생각해요. 제가 마음이 상하면 언제나 그를 그저 멍청한 인간으로만 보려는 충동이 너무 강해요. 근

데 그렇게 보지 않으려고 노력해요. 대부분 아주 친절하고 재미있고 이해심이 있는 남자와 그가 동일한 사람이라는 걸 기억하려고 노력해요. 제 상사에 대해서도 그래요. 가끔씩 그를 그저 최악의 패자일 뿐이라고 생각하고 싶은 충동이 너무 강해요. 그래도 그런 충동을 느낄 때 제 자신을 억누르려고 애쓰고, 또 선생님과 제가 계속 얘기했던 것, 그러니까, 제가 기분이 정말 안 좋아지면 사람들을 '전부 다 좋거나' 아니면 '전부 다 나쁘다'라고 본다는 걸 기억하려고 노력하죠. 현실은 제 상사가 때때로 아주 짜증나게 하고 배려심이 없을 수 있다는 거죠. 그래도 다른 때에는 꽤 이해심이 많아요. 예를 들면, 제가 목요일마다 여기 오느라 일찍 나와야 하는데, 그는 배려해 주지 않을 수도 있지만 그렇게 해 주거든요. 그래서 그에게 짜증이 날 때 그런 걸 기억하려고 애쓰죠. 그러면 흥분해서 날뛰는 상태를 피하는 데 도움이 돼요.

치료자: 지금까지 알아차리신 몇 가지 긍정적인 변화라고 볼 수 있는 걸 언급하셨어요. (**직면**) 지난주에 이런 것에 대해 저에게 말씀해 줄 생각을 하셨는지 궁금합니다. (**명료화**)

수잔: 지난주에 두어 번 생각을 하긴 했지만 본격적으로는 오늘 아침에 했어요. 이것에 대해 얘기하고 싶었어요.

치료자: 저에게 얘기하시니까 어떻습니까? (**명료화**)

수잔: 기분이 괜찮은 것 같아요. 여기에 대해 뭐 불편하거나 그렇진 않아요.

치료자: 당신이 경험한 이런 성공담을 들으면 제가 어떤 느낌을 갖길 바라셨나요? (**명료화**)

수잔: 그것에 대한 생각은 정말 못했어요. 선생님이 이 모든 걸 도와주신 거니까 선생님도 그것에 대해 기분이 좋기를 바라는 것 같아요.

치료자: 수잔, 저도 정말 기분이 좋습니다. 말씀을 들어 보니, 당신은 제가 당

신을 자랑스럽게 느끼기를 바라는 것 같은데, 저는 그렇게 느낍니다. (슬픔의 감정뿐만 아니라 배려하는 감정이 고조되는 것을 포함하여 수잔의 정서가 격렬해지는 것을 알아차린다.)

수잔: 제가 자라는 동안 부모님이 저를 자랑스러워한다는 말씀을 해 주신 적은 한 번도 없었던 것 같아요. (눈물을 흘릴 듯이 보인다.)

치료자: (침묵)

수잔: 저는 학교에서 언제나 정말 열심히 노력했어요. 그렇지만 부모님에게 만족스러웠던 적은 한 번도 없었던 것 같아요. 어쩌면 저는 늘 부모님이 자랑스러워하시길 기대했었나 봐요. 근데 그런 일은 일어나지 않을 거란 걸 제가 받아들였다고 생각해요. 어쩌면 이젠 그러기엔 너무 늦었겠죠. 모르겠어요. 만약 그런 걸 경험했다면 아마 전 다른 사람이 되었겠죠. 하지만 전 이제 더 이상 그들에게 그런 걸 필요로 한다고 생각하지 않아요.

치료자: 슬픈 이야기군요, 수잔.

수잔: 예, 있잖아요. 제가 자랄 땐 이것에 대해 정말 슬퍼했던 적이 있다고 생각하진 않아요. 근데 부모님한테 화가 많이 났었죠. 특히 엄마한테요. 때론 제가 뭘 하든 엄마는 흠을 잡았던 것 같아요. 그렇지만 또 다른 땐 저를 위해 좋은 일이라면 지구 끝까지라도 가실 기세를 보이곤 했어요. 엄마는 말하자면 그런 식으로 극과 극으로 종잡을 수 없었어요. 엄마한테는 중간지대가 많이 없었어요. 그저 양극단이었죠. 엄마는 여전히 때때로 그런 식이지만, 세월이 지나면서 상황이 좀 안정되었다고 생각해요. 그리고 아빠도 있죠. 아빠는 늘 자기세계에만 빠져 있었어요. 아빠는 제가 원한 만큼 제 곁에 있어 주시진 않았어요. 제 생각엔 아빠가 나름 신경쓰시지만 그냥, 표현과는 거리를 두는 분이에요. 제가 엉망진창인 게

놀랍지 않아요. 그죠? (웃어 보려고 애쓴다.)

치료자: 당신이 당신의 주제들을 더 잘 이해해 가고 있고, 어떻게 지금의 자신이 되었는지에 대해서도 생각하고 계신 듯합니다. 자랄 때 이상적이지 않았던 몇 가지에 대해서 언급하셨죠. 원하는 만큼 욕구가 채워지지 않았다고 느끼시는 것처럼 들립니다. 그리고 그것에 대해 생각하면 슬프죠. 그건 당신에겐 손실처럼 느껴지죠. (**직면**)

수잔: 예, 그런 것 같아요. 이상해요. 있잖아요. 오늘 회기 시작 때 사실 제 기분이 더 좋았거든요.

치료자: 수잔. 지금은 기분이 어떤지 말씀해 주세요. (**명료화**)

수잔: 좀 슬퍼요. 제가 부모님 어느 한 분과 느꼈던 것보다 선생님과 함께하는 게 더 편안하다는 게 약간 이상하다고 생각해요. 근데 진실을 말씀드리자면, 선생님은 엄마나 아빠보다 저를 더 잘 아신다고 생각해요. 제 말뜻은 진짜 저, 내면의 저에 대해서 말이에요. 그분들은 제 삶이나 뭐 그런 세부사항에 대해선 더 많이 아시겠지만, 그건 제가 말씀드리고 있는 게 아니에요. 이런 말씀을 드린다는 게 좀 이상하긴 하지만, 만약 제가 힘든 한 주를 보내고 있다면 저는 부모님에게 전화하거나 혹은 그분들에 대해 자주 생각하지 않아요. 여기 와서 선생님한테 그것에 관해 얘기할 것에 대해 생각하죠. 이런 게 저를 좀 안정시켜 줘요. 저는 여전히 때때로 선생님한테 좌절하게 되지만, 전반적으로 여기가 제가 뭐든지 얘기할 수 있는 제 공간이라는 느낌이 들어요.

치료자: (수잔의 발언이 암시하는 개선된 **대상항상성**의 증거에 조용히 주목한다.) 여기서 많은 자유를 느끼시는군요. (**직면**)

수잔: 제 마음속에 있는 걸 뭐든지 얘기할 수 있고 또 그렇게 해도 괜찮다고 느낄 수 있어서 좋아요. 저의 모든 인간관계가 좀 더 이랬으면 좋겠어요.

치료자: 그렇게 된다면 정말 좋겠습니다. (시계를 흘끗 본다.) 수잔, 오늘 시간
이 다 됐습니다.

수잔: 좋아요. 그럼 다음 주에 봐요.

치료자: 예. 다음 주에 뵙겠습니다.

치료에서 진전이란 무엇입니까?

제2장 '큰 그림'에서 **대상관계**치료에서 진전이 나타나는 몇 개의 일반적인 영역에 대해 논의했습니다. 이어지는 여러 장에서는 치료관계를 통해 이러한 영역에서 변화를 유발하는 몇 가지 방안을 제안하고 이를 검토했습니다. 제안한 방안들은 대체로 환자가 치료관계로 가져온 문제들을 이해하는 틀로서 H.O.R.S.E.와 C.O.S.T. 접근법을 포함합니다. 이 문제들이 일상적인 치료 실무에서 나타나는 몇 가지 보편적인 방식과 치료 예시 및 이 문제들을 다루는 방법을 논의했습니다.

우리는 환자가 자신을 진정시키는 능력(capacity for self-soothing)을 기르고 **편집-분열 자리**에 머무는 시간을 줄이도록 돕는 몇 가지 방법을 살펴보았습니다. 또한 치료에서 갈구함을 관리하는 방법과 환자들이 자신의 갈구함 및 커지는 애착감정을 견뎌 내도록 돕는 방법도 논의했습니다. 우리는 치료관계에서 경계의 중요성을 강조했고, 어떻게 이것이 환자들이 개인적 경계와 대인 간 경계에 대해 좀 더 명확한 감각을 발달시키는 데 도움이 될 수 있는지를 논의했습니다. 또한 문제의 소지가 있는 양육방식에 수반되는 상실을 처리하는 작업이 중요하다는 점과 함께, 환자들이 자신과 부모 및 타인에 대한 좀 더 현실적이고 통합된 관점을 기르도록 돕는 방법도 논의했습니다. 우리는 환자들이 오로지 부정적인 감정에만 초점을 맞추는 대신 자신의 우호적인 느낌에 초점을 두도록 돕는 방법을 살펴보았습니다. 우리는 또한 치료관계에서 일어날 수 있는 **성애적 전이와 역전이**를 이해하고 관리하는 방법도 다루었습니다.

앞 장에서 살펴본 회기 예시에서 수잔이 했던 여러 가지 발언은 앞 문단에서 기술한 여러 영역에서 그녀가 진전을 보이고 있음을 시사합니다. 수잔은 **편집-분열 자리**로 기울어지는 경향이 줄었다고 말했습니다. 또한 자신의 정서를 관찰하는 능력이 커졌고, 심지어 스트레스를 받고 있는 동안에도 그렇게 할 수 있는 능력에 대해 기술했습니다. 수잔은 치료자에 대한 긍정적이고 배려하는 감정을 포함하여 특정 순간에 일어나는 감정을 기술할 수 있는 능력이 커졌다고 말했습니다. 또한 예전에 치료자에게 고약하게 행동한 것에 대한 후회의 감정을 경험하는 것에 대해서도 기술했습니다. 이것은 **우울 자리**로의 전환을 암시합니다. 또한 **정신화** 능력의 개선도 암시합니다. 수잔은 (치료자와 부모님을 포함한) 애착인물들과의 관계를 기술하면서 공존하는 긍정적인 특성과 덜 좋은 특성들을 기술했는데, 이것은 이전에 양극화되었던 **대상표상**들이 통합되고 있음을 시사합니다. 이 능력은 치료 초기에는 분명하지 않았습니다. 당시에는 수잔이 주로 **부분 대상관계**를 사용하여 애착인물들을 경험했기 때문입니다. 마지막으로, 수잔은 좌절시키기도 하고 만족시켜 주기도 하는 치료자의 특성과 정신적 · 정서적으로 연결성을 유지할 수 있고, 심지어 회기와 회기 사이에도 그렇게 할 수 있음에 대해 언급했습니다. 이것은 수잔의 **대상항상성** 능력과 관련된 개선을 시사합니다. 만약 이런 여러 영역에서의 진전이 시간이 지나도 유지된다면, 수잔이 치료에 착수했을 때 정했던 주된 치료목표를 달성했음을 뜻할 것입니다. 일차적 치료목표는 **부분 대상관계**의 사용에서 대체적으로 **온전한 대상관계**로의 전환을 돕는 것이었음을 기억해 보세요. 이차적 치료목표는 자기성찰 · **정신화** 능력과 강렬한 정서를 통제하는 능력의 향상이었습니다. 이 모든 것은 수잔이 자기 자신 및 타인과 맺는 관계를 개선한다는 궁극적인 목표에 기여합니다.

일단 환자가 치료자와 성숙하고 건강하며 배려하는 관계를 가질 수 있는 능력을 기르게 되면, 환자가 치료에 계속 참석하고 있는 것이 더 이상 '와야 할 필요성이 있기' 때문은 아니라는 사실이 분명해지는 경우가 종종 있습니다. 긴박감과 강렬한 고통 및 감당하기 어려운 욕구—치료 전반부의 **편집-분열 자리**를 나타내는—가 이제 드물거나 아주 짧게 출현할 것입니다. 초기의 병리적 **투사적 동일시** 시도는 더 이상 일어나지 않거나 혹은 일어나더라도 덜 빈번하고 덜 강렬할 것입니다. 그 대신, 지속적인 회기 참석은 치료관계에서 얻는 건강한 즐김과 만족을 나타내는 것으로 보입니다. 치료를 시작할 때 주로 **부분 대상관계**를 사용했던 환자들은 이제 **온전한 대상관계**를 사용하여 자신과 치료자 및 타인과 관계하는, 지속되는 능력을 보여 줄지도 모릅니다. 치료를 시작할 때부터 이미 **온전한 대상관계** 능력을 갖고 있던 환자들은 개인내적 갈등과 불안을 적게 경험하고 더 건강하고 더 성숙한 **방어기제**를 사용하는 경향을 보일 수 있습니다. 변화의 증거는 치료관계 밖 환자의 삶에서도 분명히 나타나야 합니다. 예를 들면, 환자는 치료 밖에서 좀 더 건강한 관계를 선택하고 유지하기 시작할 수 있습니다. 일단 환자가 치료 목표를 달성했고, 이것이 일시적인 변화가 아니라 유지되는 상태라면, 치료종결 작업을 시작할 때가 되었다고 볼 수 있습니다.

앞서 기술한 성과들은 우리 모두가 도달하려고 애써야 할 어떤 이상을 나타낸다고 생각합니다. 그렇지만 내 경험에 의하면 치료 실제에서 일어나는 변화는 환자마다 다른 경향이 있습니다. 비록 아주 바람직한 성과가 이루어질 가능성이 있고 또 실제로 이루어지기도 하지만, 앞 문단에서 기술한 변화 전부를 포괄하는, 기적과 같은 압도적인 변화를 보는 일은 좀 드문 경우라고 생각합니다. 어떤 환자들은 한 영역에서는 상당한 진전을 보이지만 나머지 다른 영역에서는 거의 진전이 없을 수 있습니다. 어떤 환자들은 여러 다양한 영역에서 진전을 보이지만, 각각의 변화 정도는 작을 수 있습니다. 유감스럽게도, 심리치료는 초라한, 심지어 비극적인 성과가 나타날 수 있는 분야입니다. 겸허함과 평생 배우는 사람의 역할을 수용하는 자세가 치료 실무에 매우 중요합니다. 우리가 환자들이 자신의 한계를 인정하고 받아들이기를 좋아하는 것처럼, 우리도 치료자로서 자신의 한계를 받아들여야 합니다. 심리치료 슈퍼비전

은 치료자로서 우리에게 필요한, 유능성에 대한 비판적인 평가를
지속적으로 해 볼 수 있는 이상적인 맥락입니다.

Chapter
24

종결과 치료를 끝내는 여러 다른 양상

종결(termination)과 관련된 주제를 훈습하는 것은 치료과정에서 중요한 단계입니다. 환자가 치료관계를 떠나보내는 작업을 점진적으로 훈습하고 이것이 미칠 영향을 다루는 것은 매우 도움이 될 수 있습니다. 환자가 치료관계를 넘어서 더 나아갈 수 있는 능력을 보인다면 이것은 부모로부터 충분히 분리되어 자율적이고 성숙한 삶을 성공적으로 영위하기 시작할 수 있는 능력을 상징적으로 반영한다고 볼 수 있습니다.

분명히 모든 치료가 방금 기술한 종결 과정을 거쳐 끝마치지는 않습니다. 환자들은 갑자기 치료 참석을 중단하고 치료자가 이에 대해 묻고 다루려고 시도할 때 반응을 보이지 않을 수도 있습니다.

이것은 종결이라기보다는 치료를 그만두는 행위(quitting therapy)로 볼 수 있습니다. 환자가 치료 약속에 나오지 않으면, 나는 대체로 몇 가지 선택지를 고려할 것입니다. 첫째, 원래 정해진 약속 시간에 환자에게 전화를 할 수 있습니다. 환자와 통화해서 불참에 대해 논의할 수 없는 경우에는 전화 메시지를 남겨 불참을 알리고 나에게 전화해서 다음 약속을 확인해 달라고 요청할 수 있습니다. 혹은 환자가 먼저 전화하는지 보려고 내 쪽에서 전화하기 전에 며칠 기다려 볼 수도 있습니다. 마지막으로는, 아예 전화를 하지 않을 수도 있습니다. 그 대신 환자가 예정된 다음 약속시간에 참석하는지를 기다려 보는 것입니다. 나의 선택지는 특정한 환자와 그 환자의 불참을 의미의 네 가지 수준에서 내가 어떻게 이해하는가에 따라 달라질 것입니다. 이와 함께 좀 더 혼란이 심한 환자들의 경우에는 관련된 안전 문제를 고려할 것입니다. 만약 환자가 연달아 몇 회기를 불참하고 나의 전화통화 시도에 응답하지 않는다면, 나는 불참에 대해 질의하고 치료를 재개하는 데 필요한 조치를 분명히 설명하는 내용의 편지를 환자에게 보낼 수 있습니다. 이 편지에 나는 흔히 다음과 같은 내용을 포함할 것입니다. "앞으로 3주 동안, 즉 9월 14일까지, 아무런 의견을 주시지 않으면, 저는 당신이 저와 함께하는 치료를 계속하기를 원치 않고 그 대신 당신의 주치의인 존스 박사를 계속 만나실 것이라고 받아들일 것입니다." 나는 이 편지의 사본을 그 환자를 돌보는 일에 관여하는 일반개업의사에게도 보낼 수 있습니다. 이렇게 하는 이유는 치료 중단이 어떤 심각한 문제나 보상기전상실을 나타내는 경우에 치료가 중단된 후에도 환자가 계속 돌봄을 받을 수 있도록 하기 위해서입니다. 만약 환자가 나

의 접촉 시도에 응답하면 환자를 만나서 치료중단을 야기한 것이
무엇이든 간에 그것을 이해하고 다루려고 노력할 것입니다. 또한
치료를 계속하는 것이 우리 두 사람 각각의 관점에서 볼 때 적절하
고 유익한지도 논의할 것입니다. 이 논의에서 치료계약의 세부사
항을 재협상할 수도 있습니다.

환자들은 여러 가지 이유를 들면서 치료종결을 제안할 수 있습
니다. 그 이유는 치료과정과 무관할 수도 있습니다(예: 멀리 이사 가
는 것). 혹은 환자의 이유가 치료관계에서 일어나고 있는 어떤 문제
를 반영한 것일 수도 있습니다. 환자는 개인적인 치료목표를 이미
달성했다고 느낄 수도 있습니다. 혹은 치료에 대해 전혀 만족하지
못한다고 느끼거나, 아니면 이 두 가지 상태 사이의 중간 어디쯤 있
을 수도 있습니다. 아마 여러분이 예상하듯, 여기에서 내가 택하는
일반적인 접근방식은 환자가 제시한 이유를 의미의 네 가지 수준
에 따라 이해하려고 시도하는 것입니다. 이렇게 분석한 결과, 나는
환자가 말한 종결 이유에 동의할 수도 있고 혹은 동의하지 않고 환
자가 지속적인 치료가 필요하고 그것을 통해 유익을 얻을 수 있다
는 의견을 제시할 수도 있습니다. 환자에게 치료를 계속하라고 제
안하는 것은 내가 환자를 배려하고 환자가 치료에서 유익을 얻을
수 있기를 바라고 있음을 전달하는 것입니다. 여러분은 이것을 이
해하시리라 생각합니다. 물론 최종 결정은 환자에게 달려 있고, 치
료자의 의견은 환자의 안녕과 치료의 진전에 대한 염려에서 나온
것임을 분명히 해야 합니다.

치료자는 앞 문단에서 언급했던 것과 유사한 이유로 치료중단을
제안할 수도 있습니다. 그 이유는 치료과정과 관련이 없을 수도 있

고(직장을 옮기는 일과 같이), 혹은 치료관계에서 일어난 어떤 주제에서 나온 것일 수도 있습니다. 제14장 '보상기전상실 가능성 다루기'에서 우리는 환자의 심각한 기능저하로 인해 치료를 종결할 수밖에 없는 몇 가지 상황을 논의했습니다. 또한 치료에서 일어나는 **행동화**가 때로는 어떻게 종결로 이어질 수 있는지도 논의했습니다. 이런 상황에서는 **부정적 역전이**가 흔히 일어나는데, 이 때문에 치료자의 종결 결정이 무의식적으로 영향을 받을 수 있습니다. 따라서 종결 이유를 환자와 함께 충분히 검토하는 것이 중요합니다. 또한 치료를 끝내는 것이 애초에 환자 자신의 생각이 아니었다는 사실을 환자가 다룰 수 있도록 돕기 위해 충분한 시간을 확보하기를 바랍니다. 이러한 주제들을 작업하다 보면 때로는 환자를 다른 치료자나 혹은 다른 적절한 자원으로 의뢰하겠다는 결론에 도달할 수도 있습니다.

나는 치료종결에 이르기까지 몇 주나 몇 개월에 걸쳐 일정한 시간을 내어 치료를 끝내는 것이 환자에게 어떨 것 같은지를 논의하고 또한 치료과정 동안 일어났던 일을 재검토하기를 제안하고 싶습니다. 여기에는 앞에서 논의했던 치료의 진전 영역에 대한 재검토와 환자가 훈습했던 어떤 다른 중요한 주제(예: 사랑하는 이의 상실을 애도하기)가 포함될 수 있습니다. 아울러, 재검토할 때 치료과정에 대한 환자의 어떠한 비판이라도 논의할 수 있습니다. 이러한 논의에는 치료자의 한계를 인정하는 것도 포함될 수 있습니다. 이것은 **우울 자리**와 관련되는데, 제17장 '심리치료에서 슬픔'에서 논의했듯이, 좀 더 현실적이고 통합된 시각을 채택함에 따라 양육자에 대한 이상화된 이미지의 상실을 포함합니다. 게다가, 내 경험에

비추어 보면, 환자들은 흔히 치료를 끝내기 전에 그들의 강점을 재
검토하는 작업에 특히 좋은 반응을 보입니다. 이런 작업은 치료관
계를 잃게 된다는 스트레스와 관련된 불확실성의 느낌을 누그러뜨
리는 데 도움이 될 수 있습니다. 또한 이전의 병리적 패턴으로 퇴
행할 가능성을 낮추는 데도 도움이 될 수 있습니다. 관계의 중대한
상실을 처리하는 데 필요한 충분한 시간을 확보하는 것이 종결 시
점 훨씬 전에 종결을 논의하고 작업해야 할 중요한 한 가지 이유입
니다.

　구체적인 종결 날짜가 사전에 정해졌는지와 상관없이, 마지막
회기는 환자나 치료자 혹은 두 사람 모두에게 불편함을 줄 수 있습
니다. 수잔의 마지막 회기가 끝나기 몇 분 전에 이루어진 다음 대화
를 통해 이 점을 살펴봅시다.

수잔: 이제 겨우 몇 분밖에 남지 않았고 이게 우리의 마지막 시간이라는 게 믿
　　　어지지 않아요. 약간 초현실 같아요.

치료자: 당신이 치료를 시작한 이래 거의 2년이 지났다는 걸 믿기 어렵습니다.

수잔: 정말 그래요. 저는 여기 오는 걸 그리워할 거예요. 선생님이 저를 많이
　　　도와주셨다고 느껴요. 저는 선생님을 처음 만나기 시작했던 때와는 전
　　　혀 다른 위치에 있어요. 그래도 여기 와서 이런저런 일에 대해 얘기할
　　　수 있는 이런 약속이 없으면 좀 이상할 것 같아요.

치료자: 수잔, 당신을 환자로 맞이한 것이 제게는 기쁨이었습니다. 지난 2년
　　　동안 당신은 힘든 작업을 많이 해냈습니다. 지난 몇 주에 걸쳐 우리는
　　　당신 내면과 전반적인 생활에서 당신이 만들어 낸 많은 긍정적인 변화
　　　에 대해 얘기를 나누었죠. 스트레스가 심할 때에도 당신 자신과 다른 사

람들을 균형 잡힌 시각으로 보는 능력에서 큰 진전을 보이셨죠. 또한 감
정을 조절하고 좀 더 순간에 존재하는 방법으로 자기관찰을 훨씬 더 잘
사용할 수 있게 되었습니다. 인간관계에서 경계에 대한 더 나은 감각을
길렀고, 이것이 당신이 제프에게 그리고 직장에서 경험했던 몇 가지 어
려움을 해결하는 데 도움이 됐습니다. 이것은 상당히 인상적인 성취입
니다. 이제부터는 당신이 제가 없어도 관리할 역량이 충분하다는 걸 저
는 알고 있습니다. 동시에, 당신은 언제든지 치료에 대한 기억을 다시 떠
올려 볼 수 있을 것입니다. 그리고 그건 거의 대부분 좋은 기억일 것 같
습니다. (미소)

수잔: 예. 그럴 거예요. 대부분의 경우. (웃음)

치료자: 자, 이제 마무리를 해야겠습니다. 모든 일이 다 잘되시길 바랍니다.
(수잔과 악수를 한다.)

수잔: 그래요. 고맙습니다.

치료자: 잘 지내십시오.

이 대화에서 치료자는 수잔이 치료과정에서 진전을 보였던 몇
가지 핵심 영역을 간략하게 되짚어 줍니다. 아울러 그녀가 미래의
불확실성을 표현한 것에 대한 반응으로 안심시켜 주는 말을 합니
다. 마지막으로 치료자는 수잔의 **대상항상성** 감각을 강화하는 발언
을 합니다. 여러분은 치료자가 회기 종료 시점에 수잔과 악수를 나
누었다는 것을 알아차렸을 것입니다. 이것은 치료과정에서 약간의
경계 문제를 보였던 환자와 전문적인 경계를 유지하는 방식을 나
타냅니다. 그렇다면 치료종결 시점에 환자를 안아 주는 것이 적절
한 때는 과연 언제인가라고 여러분은 궁금해할 수 있습니다. 이 책

에서 논의했던 대부분의 주제들과 마찬가지로 나는 치료종결 시점에 안아 주는 것을 기본적으로 '옳다' 혹은 '그르다'로 보지 않을 것입니다. 작별할 때 안아 주기의 적절성에 대해서도, 실제로 그것이 의미의 네 가지 수준에서 볼 때 특정한 환자에게 어떤 의미가 있을지에 따라 결정을 내려야 합니다. 예를 들면, 나는 지속적으로 중대한 경계 문제를 겪고 있는 환자는 안아주려 하지 않을 것입니다. 마찬가지로, 치료에서 성애적 전이가 해결되지 않았거나 혹은 불완전하게 해결된 환자에게도 안아 주기가 부적절할 수 있습니다. 많은 경우에, 환자가 구체적으로 요청하지(예: "제가 선생님을 안아 드려도 괜찮을까요?") 않는 한, 작별할 때 안아 주기 주제는 등장하지 않습니다. 하지만 어떤 환자들은 작별할 때 느닷없이 치료자를 안아 주려 하기도 합니다. 이런 상황은 환자와 치료자 모두에게 정말 어색할 수 있습니다. 나는 작별할 때 안아 주기에 동의하는 것이 그 특정한 환자에게 적절한지 아닌지를 마지막 회기 이전에 미리 결정하라고 제안하고 싶습니다. 여러분은 심지어 이것을 주제로 삼아 환자와 미리 논의하고 싶을 수도 있을 것입니다. 이러한 단계들은 치료의 마지막 순간에 **투사적 동일시**로 인해 여러분이 잘못된 충동적인 판단 오류를 범하는 것을 막아 주는 데 도움이 될 것입니다. 이때는 그 주제를 더 이상 논의할 시간이 거의 없거나 전혀 없을 것이기 때문입니다.

Chapter 25

대상관계 개념과 인지치료

나는 제2장 '큰 그림'에서 **대상관계** 치료의 특별한 강점 가운데 하나가 환자들이 통합하도록 돕는 것이라고 했습니다. 그래서 여기서 **대상관계** 개념들과 다른 심리치료 양식들[1]의 통합을 논의하는 것이 적합한 일이라고 생각합니다. 앞에서 우리는 환자와 그들의 어려움을 대상관계이론의 기본 원칙에 따라 이해하는 한 가지 접근법을 논의했습니다. 이 장에서는 이런 개념들이 인지치료 모델에서 환자의 저항을 이해하고 다루는 데 유용하다는 것을 보여 주

---

1) 정신역동적치료의 중요 형식에 대한 탁월한 통합적 접근법을 알아보려면 Glen Gabbard의 『역동정신의학(Psychodynamic Psychiatry in Clinical Practice)』(하나의학사)를 참조하기 바랍니다.

고자 합니다. 내가 사용하는 '인지치료(cognitive therapy)'라는 용어는 넓은 의미로 정신역동이론에 기반하지 않은 치료양식 중 시간제한이 있고 문제에 초점을 두며 구조화된, 흔히 매뉴얼화된 형식의 치료들을 포괄합니다. 이것의 한 가지 모범은 인지행동치료(Cognitive-Behavioral Therapy: CBT)입니다. 인지치료는 흔히 치료의 일부로 환자가 반드시 완수해야 하는 '과제'를 포함할 것입니다. 어떤 치료법에서든 치료에 대한 환자의 반응을 제한하는 문제들이 생길 수 있습니다. 우리가 논의한 **대상관계** 개념들이 다른 이론적 접근의 치료자들에게 이 문제들을 이해하고 다루는 데 유용한 보완적인 틀을 제공하여 그들이 가능한 최상의 치료성과를 내는 데 도움이 되기를 바랍니다.

인지치료자 David Burns는 그의 책 『공황발작이 몰아칠 때(When Panic Attacks)』에서 그가 만난 불안 환자 가운데 75%가 "중요한 문제나 감정을 감추고 있다."라고 썼습니다(p. 315). 그는 이어서 무의식적 주제에 대해 더 논의했고, 이것을 "어떤 사람을 기분 나쁘게 하거나 감정을 상하게 하고 싶지 않아서 개인이 피하고 있는 어떤 문제나 감정"이라고 기술했습니다(p. 316). Burns 박사는 '숨겨진 감정 기법(Hidden Emotions Technique)'이라고 명명한 장에서 독자들이 무의식적인 어려움을 식별하고 다룰 수 있도록 많은 사례 예시를 제시합니다(pp. 313-329).

『기분 다스리기: 임상가를 위한 지침서(Clinician's Guide to Mind over Mood)』(학지사)라는 인지행동치료 매뉴얼을 지은 Christine Padesky와 Dennis Greenberger는 일부 환자들이 치료에서 개선이 미흡한 이유 중 한 가지 가능한 원인으로 '치료관계'와 관련된 주제들을 언급합니다(p. 29). 이들은 "내담자가 얘기하고 있는 어떤 어려움이 치료자의 현재 삶의 경험과 매우 유사하다면, 치료자는 그 내담자와 공감적 라포를 유지하기가 힘들 수 있다."라고 말합니다(p. 29). 이것은 앞에서 우리가 논의한 **부정적 역전이** 개념과 아주 비슷하게 들린다는 것을 여러분도 동의하시리라 생각합니다. 이 저자들은 더 나아가 심리치료를 따르는 데 방해가 되는 환자들의 다양한 신념을 기술합니다. 이런 신념들은 다음과 같은 것들입니다. "나의 치료자는 나를 비난할 거야." "내가 생각하고 있는 것을 치료자에게 말해 주면 내가 제정신이 아니라는 것을 알게 될 거야." "치료자가 진짜 나를 배려한다면, 이게 나에게 얼마나 힘든 것인지를 알고 나에게 더 하라고 요구하지 않을 텐데."(p. 35) 이 문단과 앞 문단에 포함된 예시들은 이러한 어려움을 기술하는 데 사용하는 용어들은 서로 다르지만 어려움을 이해하는 데 있어서 CBT와 **정신역동치료** 간에 실제로 공통적인 기반이 있음을 시사합니다. 이 예시들은 무의식적 주제들의 관련성뿐만 아니라 치료관계에서 나타나는 **전이**와 **역전이** 및 **저항**의 중요성을 가리킵니다. 왜냐하면 이 모두가 치료양식과 상관없이 치료성과에 영향을 줄 수 있기 때문입니다. 특히 치료관계의 질은 치료성과를 예측하는 중요한 독립적인 변인으로 밝혀져 왔습니다(Martin et al., 2000).

이 책에서 앞서 우리는 환자가 전달하고 있는 것을 파악하는 방법으로 H.O.R.S.E. 접근법을 논의했습니다. C.O.S.T. 접근법은 치료자가 전달된 내용을 의미의 네 가지 가능한 수준에 따라 이해하는 하나의 틀을 제공합니다. 나는 이 개념들이 실제적으로 어떤 치료 모델에서도 치료를 보완하고 풍부하게 해 주는 데 사용될 수 있

을 것으로 기대합니다. 앞에서 우리는 **정신역동치료**에서 일어나는
많은 일반적 주제를 어떻게 이해하고 다루는지를 논의했습니다.
우리가 논의한 몇 가지 주제는 치료 약속시간에 지각하기, 불참하
기, 일정관리 문제, 치료에서 느끼는 지루함 등이었습니다. 이 주
제들은 실제로 모든 형태의 치료 실제와 관련되어 있다는 점에 대
해 대부분의 실무자들이 동의할 것이라 생각합니다. 우리는 이미
이 일반적인 주제들을 이해하고 다루는 접근법을 논의했기 때문에
여기서는 다시 언급하지 않겠습니다. 그보다는 나는 우리가 아직
논의한 적이 없는, 인지치료와 좀 더 관련된 어떤 주제에 초점을 맞
추고 싶습니다.

　　인지치료와 **정신역동치료** 간의 한 가지 중요한 차이점은 인지치
료가 치료계획의 일부로 과제를 강조한다는 점입니다. 앞서 언급
한 임상가를 위한 지침서에서 Padesky 박사와 Greenberger 박사
는, "만일 내담자가 늘상 과제를 완수해 오지 않는다면, 치료를 따
르지 않는 비협조(noncompliance) 주제를 치료의 초점으로 삼을 수
있다."(p. 35)라고 했습니다. 나는 인지치료에서 일어날 수 있는 이
일반적인 문제와 관련하여 어떻게 **저항**을 이해하고 다룰 것인지를
논의하고자 합니다. 이를 위해 공황발작 때문에 개인 인지행동치
료를 받고 있는 가상의 환자(스탠리)와 치료자가 나누는 대화 예시
를 살펴봅시다.

　　(스탠리는 공황발작을 위한 16회기 CBT 치료과정에서 현재 회기를 포함하여
　　지금까지 4번의 약속에 참석했다. 그는 지난 두 회기 연달아 회기에 오기 전
　　해야 할 과제를 하지 않았다.)

치료자: 아마도 이 시점에서 지난주 당신의 사고기록지(thought records)를 점 검해 봐야 할 것 같습니다.

스탠리: 아, 제가…… 사실 그걸 안했어요.

치료자: (스탠리의 수동적 비협조에 대한 반응으로 짜증나는 느낌을 알아차린 다.) 그러시군요. 3주째 계속 과제를 하지 않으셨네요. 이 이면에 뭐가 있는지를 우리가 이해하려고 노력하지 않으면 당신의 치료가 심각하게 영향을 받게 될까 염려됩니다. 그리고 당신은 공황발작이 당신의 생활 에 정말 얼마나 큰 영향을 미치고 있는지 말씀해 주셨죠. 당신이 과제를 완수하는 것을 어렵게 하는 게 뭐라고 생각하시는지를 제가 이해하도록 도와주실 수 있겠습니까?

스탠리: 잘 모르겠어요. 여기를 나설 때는 그걸 할 계획을 세우거든요. 근데 그 렇게 안 돼요. 그 이유를 정말 모르겠어요. (앉은 자리에서 약간 몸이 구 부정해진다.)

치료자: (스탠리의 답변과 보디랭귀지에서 무력감을 관찰한다.) 그러니까, 사 고기록지를 작성하는 것에 대해 어떻게 느끼는지 말씀해 주시죠. 댁에 서 혼자 그 과제를 하지 않아서 두어 번 여기에서 우리가 함께 작성했었 죠. 여기서 저와 함께 사고기록지를 작성하는 게 어떠셨나요?

스탠리: 정말 모르겠어요. 괜찮았던 것 같은데요. 근데 그게 정말 많이 도움이 되었는지는 모르겠어요. 다음번에는 해 오려고 노력해 보겠습니다.

피상적인 수준에서 보면 스탠리는 치료 약속에 맞게 오고 있고, "다음번에는 해 오려고 노력해 보겠습니다."라는 그의 발언에서 나 타나듯이 노력하고 있다고 주장합니다. 그럼에도 불구하고, 그는 그저 치료를 '받는 시늉'을 하고 있는 것 같습니다. 스탠리의 말과

행동 및 보디랭귀지 모두 수동적이고 무기력하고 패배한 **자기표상**
을 전하는 듯합니다. 예시 대화에서 치료자는 스탠리의 보디랭귀
지를 관찰하고, 그가 하는 말을 주의 깊게 듣고, 그리고 그가 투사
하고 있는 감정, 즉 무력감과 짜증에 주목하면서 이것을 확인합니
다. 이 대화에서는 명백한 증거가 없지만, 우리는 더 나아가 스탠리
가 치료자를 주장이 강하고 지배적인 사람으로 경험하고 있을 것
이라고 추정할 수 있습니다. 치료자에 대한 이런 경험은 스탠리 자
신에 대한 경험과 대비를 이룰 것입니다. 이처럼 스탠리의 **자기표상**
에 관한 정보는 **투사적 동일시**를 통해 치료관계에서 무엇이 일어나
고 있는지를 주의 깊게 관찰함으로써 얻을 수 있습니다. 그리고 이
렇게 얻은 정보는 치료자가 원하는 성과를 얻을 가능성을 높이기
위해 주어진 상황을 다루는 여러 방법들을 비교 검토하는 데 도움
을 줄 수 있습니다. 이 경우 원하는 성과란 스탠리가 치료에 효과적
으로 참여하고 궁극적으로는 그를 괴롭히는 공황발작에서 벗어나
도록 하는 것입니다. 이제 그 다음 상호작용이 어떻게 전개되는지
살펴봅시다.

치료자: 혹시 당신은 우리가 뭘 하더라도 아무 의미가 없고 나아질 게 없다고
느끼고 계신 건 아닌지 궁금합니다.(**직면**)

스탠리: 예, 아마 그럴지 몰라요.

치료자: 그렇다면 그 때문에 당신 스스로에 대해, 저에 대해, 그리고 이 상황
전체에 대해 상당히 좌절감을 느끼실 것 같습니다. (**직면**)

스탠리: 그런 것 같아요, 상당히 좌절스러워요. 게다가 아내가 제 행동을 바로
잡겠다고 들볶고 있어요. 마치 제가 손가락으로 딱 소리를 내면서 공황

발작을 중지시킬 수도 있는 것처럼 말이죠! 제 상사는 얘기할 것도 없죠.
공황발작이 도대체 뭔지 그가 조금이라도 안다고 생각하세요? 그는 그
저 제가 일하지 않고 게으름 피우고 있다고 생각하고 있을 게 분명해요.

치료자: 말씀을 들어 보니 분명히 당신은 모든 사람의 기대 한가운데 갇혀 있
다고 느끼는 것 같습니다. 그리고 저 역시 그중 한 부분이네요. 당신이
매주 과제를 해 오기를 기대하니까요. **(직면)** 당신이 대처해야 할 모든
걸 감안하면, 이게 얼마나 짜증나는 일인지를 이해할 수 있습니다.

스탠리: 이 때문에 짜증내면 안 되죠. 선생님은 그저 저를 도와주려고 애쓰고 있
다는 걸 알고 있죠. 선생님은 제가 이런 모든 것에 관해 얘기를 한 유일한
사람이거든요. 마음속에 있던 걸 꺼내놓으니 실제로 기분이 좋아요.

치료자: 그러니까, 그렇게 하셔서 저도 기쁩니다. 오늘 저에게 말씀해 주신 그
런 일이 당신이 기분이 좋아지는 걸 가로막는 장애물을 만들 뿐만 아니
라, 당신이 이 모든 것에 대해 혼자라는 느낌을 받았을 것으로 생각되기
때문입니다. 또한 이 주제들에 관한 당신의 생각과 느낌이 공황발작 자
체와 상당히 연관성이 있을 가능성도 있다고 생각합니다. **(해석)** 부인이
나 상사와 상호작용하는 것에 관해 사고기록을 검토해 보는 것에 대해
어떻게 생각하십니까?

스탠리: 그게 제 불안과 관련이 있다면 안 할 이유가 없죠.

치료자: 그 두 관계 중에 어떤 걸 먼저 검토하고 싶으신가요?

이 대화에서 치료자는 스탠리가 자기 자신과 치료자 그리고 세
상 전반에 대해 좌절하고 있음을 동시에 직면시킵니다. 이렇게 하
면서 치료자는 제2, 제3, 제4수준(타인, 자기, 치료자)의 의미를 다
룹니다. 이를 통해 스탠리는 집과 직장 환경과 관련해서 느끼는 좌

절감을 드러내게 됩니다. 그런 다음 치료자는 구체적으로 제4수준의 의미에 초점을 맞추고, 치료자에 대한 스탠리의 짜증에 대해 공감적으로 **직면**시킵니다. 이러한 직면에 의해 스탠리는 그가 투사한 적개심을 거두어들이고 치료자에 대한 좀 더 현실적이고 통합된 관점, 즉 좋은 의도를 갖고 있으나 불완전할 수밖에 없는 조력자로 보는 관점을 경험하기 시작합니다. 스탠리의 발언은 또한 치료적 라포의 증진도 나타냅니다. 이렇게 증진된 라포와 스탠리의 공황발작 기저에 있는 잠재적인 주제들(예: 부인과 상사와의 긴장)에 대한 새로운 통찰에 힘입어 치료자는 이 주제들을 사고기록을 통해 좀 더 논의해 보지 않겠냐는 제안을 하게 되었습니다. 스탠리는 이 제안에 동의합니다. 그런데 이 회기에서 거둔 성과가 좋아 보이지만, 스탠리의 수동공격적 상호작용 양식이 지속될 개연성이 높기 때문에 진전이 유지되게 하려면 이후에도 이 회기와 유사한 개입이 필요할 것입니다. 스탠리의 대인관계 양식은 분명히 자기패배적인 속성이 있지만, 다양한 생활영역에서 보이는 그의 수동적 반항은 다른 사람들의 바람과 기대를 누르는 데 대한 미묘하고 아마도 무의식적인 승리감을 그에게 줄 것입니다.

　　정신역동치료와 인지치료의 통합이라는 주제는 광범위한 것이지만, 앞에서 제시한 예시를 통해 이 두 치료 모델이 서로 배타적이지 않고, 실제로 함께 작용하여 상승효과를 낼 수 있음을 보여 주었기를 바랍니다. 이제 다음 마지막 장에서 **대상관계** 개념과 원리가 다양한 임상적 맥락에서 어떻게 쓰일 수 있는지를 살펴보려고 합니다.

대상관계 개념과
일반적인 **추수치료**

앞에서 우리는 **정신역동치료**의 몇 가지 개념과 원리 및 실제 관련 사안을 주로 **대상관계**에 기반한 관점에서 살펴보았습니다. 나는 이런 내용이 내게 도움이 되었던 것처럼 여러분이 치료자로서 경험을 쌓아 가는 동안 여러분에게도 도움이 되기를 바랍니다. 이 책을 마무리하는 이번 장에서 우리는 이러한 기술과 아이디어가 실제로 어떤 임상적 장면에서든 여러분이 제공하는 돌봄을 어떻게 풍성하게 해 줄 수 있는지를 탐색할 것입니다. 나는 여기서 정신건강 평가와 입원환자 추수 및 외래환자 추수 등과 관련된 몇 가지 생각을 논의할 것입니다.

정신건강 평가는 일련의 광범위하고 다면적인 기술을 필요로 합니다. 임상가들은 정신질환의 양상을 숙지하고 있어야 할 뿐만 아니라, 질문과 관찰 및 추론의 기예도 갖춰야 합니다. 평가를 하는 동안 면담자를 향해 오는 언어적, 비언어적 정보가 너무 많아서, 때로는 이것이 감당하기 힘들고 어디에 초점을 둬야 할지를 알기 어려울 수도 있습니다. 이 책 전반에 걸쳐 나는 치료자가 환자에 대한 자신의 감정적 반응에 조율하는 것이 중요하다는 점을 강조했습니다. 이것이 환자의 정서상태와 관계 패턴을 들여다보는 창을 제공할 수 있기 때문입니다. 이것은 여러분이 평가 면담(assessment interview)에서 적용할 수 있는 강력한 진단 및 치료 기술입니다. 면담에서 (H.O.R.S.E. 접근법과 C.O.S.T. 접근법을 사용하여) **투사적 동일시**를 고려하면 환자가 타인들과 어떻게 상호작용하는지에 관해 엄청난 양의 정보를 드러낼 수 있습니다. 또한 이것은 치료적 라포의 발달을 가속화하고 심화하는 데 도움이 되는 공감적 발언을 이끌어 줄 수 있는 아주 유용한 정보를 제공합니다. 환자를 점점 더 많이 만나게 됨에 따라 여러분은 아주 민감한 참조자원이 될 수 있는 일종의 '**투사적 동일시** 데이터베이스'를 개발하게 될 것입니다. 이를 통해 진단적 예리함을 연마하고 단순히 진단기준의 집합체가 아니라 사람 전체를 이해하는 기술을 강화할 것입니다.

지금까지 논의한 원리와 기술은 입원환자를 치료하는 현장에서도 매우 유용할 수 있습니다. 이런 현장에는 흔히 조현병, 양극성 장애, 혹은 향정신성 약물로 유도된 정신증 등의 장애를 경험하고 있는 사람들이 있습니다. 언뜻 보면 심리치료 개념과 기술이 현실과 심각하게 괴리된 사람들에게 어떻게 유용하게 적용될 수 있을지 상상하기 어려울 수 있습니다. 그렇지만, 분명히 앞 문단에서 논

의한 라포형성 기술은 이런 만만하지 않은 환자집단에 아마 훨씬
더 중요합니다. 게다가, 환자의 이야기를 의미의 네 가지 수준에 따
라 이해하는 기술은 정신증적 장애가 있는 환자를 치료할 때 매우
유용할 것입니다. 망상과 환청의 내용은 일반적으로 환자가 자신
과 자신을 둘러싼 세계를 어떻게 경험하고 있는지에 대해 많은 것
을 말해 줍니다.

　정부가 자기 몸에 심어 놓은 감시장비를 통해 자신을 정탐하고
있다고 믿고 있는 어떤 환자의 사례를 살펴봅시다. 이것의 더 깊은
의미를 여러분은 어떻게 이해할 수 있겠습니까? 이 환자는 견딜 수
없는 악의와 박해의 감정을 정부에 투사하고 있습니다. 이것은 지
각된 외부의 악으로부터 환자 내면에 있는 선을 보호하려는 욕망
을 시사합니다. 이것은 **편집-분열 자리**처럼 들리지 않습니까? 특히
정부가 자신을 정탐하기로 결정했다는 부분은 망상의 과대성 요소
로 볼 수 있습니다. 이 과대성은 기저에 있는 부적절성과 하찮음의
느낌(feelings of inadequacy and unimportance)에 맞서 방어하는 것
으로 볼 수 있습니다. 감시장비가 몸속에 심어져 있다는 주장은 이
환자가 경험하고 있는 자기의 경계가 취약함을 말해 줍니다. 정신
증적 증상의 내용 기저에 있는 주제를 이해하면, 이 사람이 겪고 있
는 곤경에 대해 연민의 마음을 갖지 않기가 매우 어렵습니다. 환자
가 경험하고 있는 내적 주제에 대한 이러한 이해는 협력적 치료동
맹을 발전시키려는 여러분의 노력에 도움 되는 정보를 주고 그 노
력을 이끌어 줄 수 있습니다. 그 결과 전반적인 치료에 대한 충실
성(treatment adherence)이 개선될 수 있습니다. 또한 여러분은 매우
혼란스럽고 무섭게 지각되는 세상을 환자가 더 잘 이해하고 대처

할 수 있도록 돕는 위치에 있을 것입니다.

　나는 성인 외래환자를 치료하는 정신의학과 부서에서 일하고 있습니다. 나의 임상작업은 대체로 기분장애와 불안장애 및 성격장애를 겪고 있는 환자들을 평가하고 단기간 및 장기간에 걸쳐 추수관찰을 하는 것입니다. 나는 환자들이 치료를 받게 한 감정적 · 관계적 어려움의 많은 부분이 특정한 장애나 치료유형과 무관하게 존재한다는 것을 관찰했습니다. 또한 **대상관계**치료와 관련하여 논의한 대부분의 주제들(회기 불참, 갈구함을 견디지 못함, 경계 문제, **투사적 동일시**, **전이**, **저항**, **성애적 전이**, **역전이**)은 다른 치료양식, 즉 우울질환을 위한 대인관계치료, 공황장애를 위한 인지행동치료, 경계선 성격 특성을 위한 변증법적 행동치료, 양극성 장애를 위한 리튬 치료, 적응장애를 위한 지지적 치료, 혹은 강박장애를 위한 노출 및 반응방지(exposure and response-prevention) 치료와 같은 다른 치료양식에서도 나타날 것입니다. 이 책에서 다룬 내용이 여러분의 치료 작업을 다채롭게 하고 이러한 주제들이 발생할 때 그것을 다루는 데 어떤 지침을 제공해 주기를 바랍니다. 그래서 여러분이 환자와 협력적이고 배려하며 진정으로 치료적인 관계를 형성하는 데 도움이 되기를 기대합니다. 왜냐하면 나의 소견으로는 이것이 바로 본질적으로 중요한 것이기 때문입니다.

용어풀이

(방어기제는 *표시함)

감정격리(Isolation of affect)* 어떤 관념이나 상황과 연관된 모든 감정을 무시함으로써 고통을 피하는 신경증적 방어기제를 뜻합니다.

경계선 성격구조(Borderline personality organization) 자신 및 타인을 '전부 다 좋은' 혹은 '전부 다 나쁜'으로 보고, 정체성 혼란을 겪으며, 충동적이고, 현실검증에서 일시적인 손상을 경험하며, 정신화 능력이 부족하고 분열과 투사적 동일시와 같은 미성숙한 방어를 사용하는 경향이 있는 사람들이 여기에 속합니다 (Gabbard, 2004, p.31).

공감적 타당화(Empathic validation) 환자의 감정 경험에 조율하고 있음을 알려 주는 치료자의 발언을 뜻합니다.

관찰자아(Observing ego) 자신의 생각과 감정 및 행동을 관찰하는 능력을 가진 심리의 일부를 말합니다.

대상(Object) 감정 에너지가 투여된, 자신이나 타인에 대한 정신적 표상을 뜻합니다.

대상관계(Object relations) 정신역동치료의 네 가지 주요 이론적 틀 중의 하나입니다. 자신과 타인에 대한 정신적 표상(즉, 지각하고 이해하는 방식)의 부정확성과 그것이 개인의 인간관계에 미치는 영향에 초점을 맞춥니다.

대상표상(Object representation) 타인에 대한 정신적 이미지 혹은 타인을 보는 방식으로 정확하거나 현실적일 수도 있고 그렇지 않을 수도 있습니다.

대상항상성(Object constancy) 타인에 대해 안정적이고 균형 잡혀 있으며 정확한 정신적 이미지를 유지할 수 있는 능력을 말합니다.

동일시(Identification)* 다른 사람의 특성을 자기 것으로 받아들이는 신경증적 방어기제를 나타냅니다.

명료화(Clarification) 어떤 주제에 대한 더 나은 이해를 촉진하기 위해 환자에게 상세히 설명하도록 치료자가 요청하는 기법입니다.

반동형성(Reaction formation)* 고통을 피하기 위해서 받아들일 수 없는 소망을 그 반대의 것으로 변형시키는 신경증적 방어기제입니다.

방어기제(Defense mechanism) 불안을 유발하거나 수용하기 어렵거나 혹은 그 외 고통스러운 심리적 경험들로부터 개인을 보호하는 정신적 과정으로 대체로 무의식적으로 작동합니다. 흔히 미성숙한, 신경증적, 혹은 성숙한 방어로 분류됩니다.

번복(Undoing)* 받아들일 수 없는 생각이나 감정, 행동 혹은 바람을 그 반대로 말하거나 행동함으로써 그것을 번복하고 무효화하려는 신경증적 방어기제입니다.

부분 대상관계(Partial object relations) 자신과 타인에 대해 통합되지
않은, '전부 다 좋은' 혹은 '전부 다 나쁜' 정신적 표상을 갖는
경향을 말합니다.

부인(Denial)* 외부 현실의 불편한 측면을 외면하는 미성숙한 방어
기제입니다.

부정적 역전이(Negative countertransference) 환자에 대해 치료자 안
에서 일어나는, 치료를 오염시키는 감정반응으로서 치료자의
개인적 주제나 욕구의 결과로 생길 수 있습니다.

분열(Splitting)* 좋은 것과 나쁜 것(good and bad)에 대한 관념을 마
음속에서 분리시켜 유지함으로써 불안을 낮추는 미성숙한 방
어기제를 말합니다.

성애적 전이(Erotic transference) 다정한 · 배려하는 감정과 성적 애정
의 감정 둘 다를 포함하는 긍정적 전이의 한 유형을 말합니다.

승화(Sublimation)* 받아들일 수 없는 생각이나 감정 혹은 바람을 건설
적이고 건강한 출구로 방향을 돌리는 성숙한 방어기제입니다.

신경증적 성격구조(Neurotic personality organization) 이 성격구조를
가진 사람들은 자신과 타인이 좋고 나쁜 것이 공존하는 특질
을 갖고 있다고 보고, 안정된 정체성과 양호한 충동조절 능력,
온전하고 안정된 현실검증력 및 정신화 능력을 갖고 있으며,
억압, 주지화, 번복, 반동형성, 합리화, 전치, 감정격리의 방어
기제를 사용하는 경향이 있습니다(Gabbard, 2004, p.31). 온전
한 대상관계 능력이 있음에도 불구하고, 신경증적 성격구조를
갖고 있는 사람들은 자기비판적인 경향이 있고 심각한 개인내
적 갈등과 불안을 경험할 수 있습니다.

신체화(Somatization)* 불편한 생각이나 감정을 신체 증상으로 변형시키는 미성숙한 방어기제를 말합니다.

심적 결정론(Psychic determinism) 기본적인 정신역동 개념으로 모든 사람의 행동과 개인내적 과정이 과거 경험의 결과로 존재하는 무의식적인 힘과 불가분의 연결성을 갖는다고 보는 관점을 말합니다.

애착이론(Attachment theory) 정신역동치료의 네 가지 이론적 틀 중 하나입니다. 애착이론은 아이들이 양육자와 근접성을 유지하려는 생물학적인 욕구를 가지고 있다고 가정합니다. 아동은 주로 양육자와의 관계의 질에 근거하여, 이후 관계를 위한 내적 작동 모델을 발달시킵니다. 그 안에서 내재한 문제들은 최적에 못 미치는 차선의(suboptimal) 애착유형 형성, 정신화 어려움, 그리고 성인기의 조화로운 관계 형성의 어려움으로 이어질 수 있습니다.

억압(Repression)* 받아들일 수 없는 생각이나 감정 혹은 바람을 의식적 자각의 범위 밖에 두는 신경증적 방어기제입니다.

억제(Suppression)* 불편한 생각이나 감정 혹은 또는 바람을 일시적으로 제쳐 놓겠다고 의식적으로 결정하는 성숙한 방어기제입니다.

역전이(Countertransference) 환자에 대한 치료자의 총체적인 감정적 반응을 말합니다.

온전한 대상관계(Whole object relations) 자신과 타인을 통합된 방식으로 보는 것을 말하며, 이때 자신과 타인은 좋은 자질과 나쁜 자질이 공존하는 특성을 가진 사람으로 현실적으로 지각됩니다.

우울 자리(Depressive position) (편집-분열 자리에 비하여) 성숙한 발달 단계로서 온전한 대상관계 능력과 함께 관계에서 자신이 파괴적인 잠재력을 갖고 있음을 아는 능력을 보유한 것이 특징입니다.

유머(Humor)* 불쾌한 어떤 것을 희극적인 시각으로 봄으로써 그 상황을 덜 고통스러운 방식으로 관리하는 성숙한 방어기제입니다.

이상화(Idealization)* (분열과 연관이 있는) 미성숙한 방어기제로서, 양가감정과 이에 따른 고통(예: 불안이나 경멸)을 경험하는 것을 피하려고 다른 사람을 '전부 다 좋은 사람'으로 부정확하게 보는 것을 말합니다.

이타주의(Altruism)* 자신의 욕구보다 타인들의 욕구를 우선시하는 성숙한 방어기제를 말합니다.

자기 심리학(Self psychology) 정신역동치료의 네 가지 이론적 틀 가운데 한 가지 이론입니다. 응집력 있는 자기감을 발달시키고 유지하는 것을 중요하게 여기고 여기에 초점을 둡니다. 사람들은 자기에 대한 긍정적이고 응집력 있는 관점을 보강해 주는 사람들과의 관계를 추구할 것이라고 가정합니다.

자기표상(Self representation) 자기에 대한 정신적 이미지 혹은 자신을 보는 관점으로서 정확하거나 현실적일 수도 있고 그렇지 않을 수도 있습니다.

자아심리학(Ego psychology) 정신역동치료의 네 가지 이론적 틀 가운데 하나입니다. 성적 추동과 공격적 추동의 경합의 결과 발생하는 자아와 원초아 및 초자아 간의 개인내적 갈등에 초점을 둡니다. 이러한 갈등은 불안을 초래하고, 방어기제의 사용으로 이것을 억누릅니다.

저항(Resistance) 치료에 대한 환자의 의식적인 그리고(또는) 무의식
적인 대항을 말합니다.

전이(Transference) 환자가 과거의 중요한 인물(흔히 부모)이 가졌던
특성을 치료자가 갖고 있다고 무의식적이고 부정확하게 지각
하는 과정을 말합니다.

중간대상(Transitional object) 아동이 자신에게 위안을 주는 양육자의
속성을 부여한 담요, 장난감, 혹은 무생물 대상을 말합니다.

전치(Displacement)* 원래의 대상이나 관념에서 생긴 강렬한 감정
의 초점을 덜 힘든 유사한 대상이나 관념으로 옮기는 신경증
적 방어기제입니다.

정신역동치료(Psychodynamic psychotherapy) 행동과 태도, 자아기
능, 자기개념, 응집성, 그리고 관계의 질을 결정하는 의식적 힘
과 무의식적 힘에 초점을 두는 치료적 접근법을 모두 포함합
니다. 치료법은 일반적으로 방어기제와 전이 및 저항을 탐색
하고 분석하는 데 초점을 둡니다.

정신화(Mentalization) 자신의 정신적 · 감정적 경험을 성찰하고 다른
사람의 다양한 경험을 개념화하는 능력을 말합니다.

주지화(Intellectualization)* 불편한 감정을 회피하기 위하여 지적인
정신과정에 초점을 맞추는 신경증적 방어기제를 말합니다.

직면(Confrontation) 환자가 회피하거나 최소화하는 어떤 것으로 환
자의 주의를 돌리는 치료자의 진술이나 질문을 말합니다.

퇴행(Regression)* 현재 수준에서 느끼는 불편함이나 고통을 피하
기 위해서 기능의 이전 발달수준으로 되돌아가는 미성숙한 방

어기제를 말합니다.

투사(Projection)* 받아들일 수 없는 내면의 생각이나 감정을 어떤 외부의 원천으로 돌리는 미성숙한 방어기제입니다.

투사적 동일시(Projective identification)* 두 단계를 포함하는 미성숙한 방어기제입니다. 첫째 단계에서는 한 사람이 견딜 수 없는 생각이나 감정을 다른 사람에게 투사하는 방식으로 행동합니다. 이것은 다른 사람이 투사된 생각이나 그 감정을 받아들이도록 유도하는 대인 간 압박(interpersonal pressure)을 통해 일어납니다. 두 번째 단계에서는 다른 사람이 투사된 생각이나 감정이 마치 자신의 특성인 것처럼 생각하고 느끼며 행동합니다.

편집-분열 자리(Paranoid-schizoid position) 악의적인 외부적 원천에 의한 멸절의 두려움에 휩싸이는 유아적 상태의 공황을 말합니다.

합리화(Rationalization)* 고통을 피하고 받아들일 수 없는 생각이나 감정 혹은 행동을 정당화하기 위해 합리적인 설명을 사용하는 신경증적 방어기제입니다.

해리(Dissociation)* 고통을 피하기 위해서 개인의 정체성이나 기분 상태에서 급격한 변화가 일어나는 미성숙한 방어기제를 말합니다. (예: 해리성 둔주와 해리성 정체성 장애)

해석(Interpretation) 환자가 생각이나 감정 혹은 행동의 무의식적 근원을 의식적으로 이해할 수 있도록 돕는 치료자의 진술을 말합니다. 현재 경험과 과거 경험 간의 유사성을 이끌어 내는 것을 포함할 수도 있습니다.

행동화(Acting out)* 견디기 힘든 감정들을 건강하지 않고 흔히 충동적인 행위로 방출하는 미숙한 방어기제를 말합니다.

The Little **Psychotherapy** Book
권장도서

Bender, S., and Messner, E. (2003). *Becoming a therapist: What do I say, and why?* New York: The Guilford Press.

Cashdan, S. (1988). *Object relations therapy: Using the relationship.* New York: W. W. Norton & Company, Inc.

Ekman, P. (2003). *Emotions revealed: Recognizing faces and feelings to improve communication and emotional life.* New York: Holt Paperbacks.

Gabbard, G. O. (2004). *Long-term psychodynamic psychotherapy: A basic text.* Arlington, VA: American Psychiatric Publishing, Inc.

Gabbard, G. O. (2005). *Psychodynamic psychiatry in clinical practice.* Arlington, VA: American Psychiatric Publishing, Inc.

Hamilton, G. N. (1990). *Self and others: Object relations theory in practice.* Northvale, NJ: Jason Aroson, Inc.

McWilliams, N. (1999). *Psychoanalytic case formulation.* New York: The Guilford Press.

Pease, A., and Pease, B. (2004). *The definitive book of body language*. New York: Bantam Dell.

Shea, S. C. (1998). *Psychiatric interviewing: The art of understanding*. Philadelpia: W. B. Saunders Company.

Yalom, I. (2002). *The gift of therapy: An open letter to a new generation of therapists and their patients*. New York: HarperCollins.

Yeomans, F. E., Clarkin, J. F., and Kernberg, O. S. (2005). *A primer of transference-focused psychotherapy for the borderline patient*. Lanham, MD: Rowman & Littlefield Publishers, Inc.

Abernethy, B. (1988). Dual-task methodology and motor skills research: Some applications and methodological constraints. *J Hum Movement Stud* 14: 101-132.

Ahnert, L., Gunnar, M. R., Lamb, M. E., and Barthel, M. (2004). Transition to child care: Associations with infant-mother attachment, infant negative emotion, and cortisol elevations. *Child Dev* 75(3): 639-650.

American Psychiatric Association. (2000). *Diagnostic and statistical manual of mental disorders* (4th edition, text revision). Washington, DC: American Psychiatric Association.

Anisman, H., Zaharia, M. D., Meaney, M. J., and Merali, Z. (1998). Do early-life events permanently alter behavioral and hormonal responses to stressors? *Int J Dev Neurosci* 16(3-4): 149-164.

Beatson, J., and Taryan, S. (2003). Predisposition to depression: The role of attachment. *Aust NZ J Psychiat* 37(2): 219-225.

Blunt Bugental, D., Martorell, G. A., and Barraza, V. (2003). The hormonal costs of subtle forms of infant maltreatment. *Horm Behav* 43(1): 237-244.

Burns, D. D. (2006). *When panic attacks: The new, drug-free anxiety therapy that can change your life.* New York: Morgan Road Books.

Chugani, H. T., Behen, M. E., Muzik, O., Juhasz, C., Nagy, F., and Chugani, D. C. (2001). Local brain functional activity following early deprivation: A study of postinstitutionalized Romanian orphans. *NeuroImage* 14(6): 1290-1301.

Cloninger, C. R., Svrakic, D. M., and Przybeck, T. R. (1993). A psychobiological model of temperament and character. *Arch Gen Psychiat* 50: 975-990.

Etkin, A., Pittenger, C., Polan, H. J., and Kandel, E. R. (2005). Toward a neurobiology of psychotherapy: Basic science and clinical applications. *J Neuropsych Clin N* 17: 145-158.

Freud, S. (1905). *Three essays on the theory of sexuality.* Standard edition of the complete psychological works of Sigmund Freud, 7: 121-245. London: Hogarth Press, 1953.

Freud, S. (1933). *The dissection of the psychical personality.* Standard edition of the complete psychological works of Sigmund Freud, 22: 57-80. London: Hogarth Press, 1964.

Gabbard, G. O. (2004). Long-term psychodynamic psychotherapy: A basic text. Arlington, VA: American Psychiatric Publishing, Inc.

Gabbard, G. O., and Westen, D. (2003). Rethinking therapeutic action. *Int J Psychoanal* 84: 823-841.

Graham, Y. P., Christine, H., Goodman, S. H., Miller, A. H, and Nemeroff, C. B. (1999). The effects of neonatal stress on brain development: Implications for psychopathology. *Dev Psychopathol* 11: 545-565.

Gunnar, M. R. (1989). Studies of the human infant's adrenocortical response to potentially stressful events. *New Dir Child Dev* (45): 3-18.

Guttentag, R. E. (1989). Age differences in dual-task performance: Procedures, assumptions and results. *Dev Rev* 9: 146-170.

Hartmann, H. (1952). The mutual influences in the development of ego and id. *Psychoanal Stud Chil* 7: 9-30.

Hertsgaard, L., Gunnar, M., Erickson, M. F., and Nachmias, M. (1995). Adrenocortical responses to the strange situation with disorganized/disoriented attachment relationships. *Child Dev* 66(4): 1100-1106.

Høgland, P., Bøgwald, K., Amio, S., Marble, A., Ulberg, R., Sjaastad, M. C., Sørbye, O., Heyerdahl, O., and Johansson, P. (2008). Transference interpretations in dynamic psychotherapy: Do they really yield sustained effects? *Am J Psychiatry* 165(6): 763-771.

Horvath, A. D., and Symonds, B. D. (1991). Relation between working alliance and outcome in psychotherapy: A meta-analysis. *J Couns Psychol* 38: 139-149.

Jung-Beeman, M., Bowden, E. M., Haberman, J., Frymiare, J. L., Arambel-Liu, S., Greenblatt, R., Reber, P. J., and Kounios, J. (2004). Neural activity when people solve verbal problems with insight. *PLoS Biol* 2, E97.

Kernberg, O. S. (1984). *Object relations theory and clinical psychoanalysis*. Northvale, NJ: Jason Aronson (original work published in 1976).

Kernberg, O. S. (1992). *Aggression in personality disorders and perversions*. New Haven, CT: Yale University Press.

Klein, M. (1935). A contribution to the psychogenesis of manic-depressive states. *Int J Psychoanal* 16: 145-174.

Klein, M. (1946). Notes on some schizoid mechanisms. *Int J Psychoanal* 27:99-110.

Ladd, C. O., Owens, M. J., and Nemeroff, C. B. (1996). Persistent changes in corticotropin-releasing factor neuronal systems induced by maternal deprivation. *Endocrinology* 137: 1212-1218.

Martin, D. J., Garske, J. P., and Davis, M. K. (2000). Relation of the therapeutic alliance with outcome and other variables: A meta-analytic review. *J Consult Clin Psychol* 68(3): 438-450.

Padesky, C. A., and Greenberger, D. (1995). *Clinician's guide to mind over mood*. New York: The Guilford Press.

Piper, W. E., Azim, H. F., McCallum, M., and Joyce, A. S. (1990). Patient suitability and outcome in short-term individual psychotherapy. *J Consult Clin Psych* 58: 475-481.

Raine, A., Phil, D., Mellingen, K., Liu, J., Venables, P., and Mednick, S. A. (2003). Effects of environmental enrichment at ages 3-5 years on schizotypal personality and antisocial behavior at ages 17 and 23 years. *Am J Psychiatry* 160: 1627-1635.

Sanchez, M. M., Ladd, C. O., and Plotsky, P. M. (2001). Early adverse experience as a developmental risk factor for later psychopatholoy. *Dev Psychopathol* 13: 419-449

Schore, A. N. (2001). Effects of a secure attachment relationship on right brain development, affect regulation, and infant mental health. *Inf Mental Hlth J* 22:7-66.

Shefler, G., Dasberg, H., and Ben-Shakar, G. (1995). A randomized controlled outcome and follow-up study of Mann's time-limited psychotherapy. *J Consult Clin Psych* 63: 585-593.

Siegel, S. M., Rootes, M. D., and Traub, A. (1977). Symptom change and prognosis in clinical psychotherapy. *Arch Gen Psychiat* 34: 321-329.

Sloane, R. B., Staples, F. R., Cristol, A. H., Yorkston, N. J., and Whipple, K. (1975). *Psychotherapy versus behavior therapy*. Cambridge, MA: Harvard University Press.

Squire, L. R. (1987). *Memory and brain*. New York: Oxford University Press.

Viinamaki, H., Kuikka, J., Tiihonen, J., and Lehtonen, J. (1998). Change in monoamine transporter density related to clinical recovery: A case-control study. *Nord J Psychiatry* 52: 39-44.

Westen, D. (1999). The scientific status of unconscious processes: Is Freud really dead? *J Am Psychoanal Assoc* 47:1061-1106.

Westen, D., and Gabbard, G. O. (2002a). Developments in cognitive neuroscience, I: Conflict, compromise, and connectionism. *J Am Psychoanal Assoc* 50: 53-98

Westen, D., and Gabbard, G. O. (2002b). Developments in cognitive neuroscience, II: Implications for theories of transference. *J Am Psychoanal Assoc* 50:99-134.

The Little **Psychotherapy** Book
찾아보기

저자 소개

Allan G. Frankland, M.D.

의학박사, 캐나다 밴쿠버 소재 브리티시컬럼비아 대학교 정신과에서 정신과의사, 심리치료자로 일하고 있으며 교육자로서 상을 받은 경력이 있다. 대상관계치료 분야에서 전문가 수련을 받았다. 밴쿠버 제너럴 병원 정신과의 외래환자 프로그램에서도 일하고 있으며 주된 임상 관심사는 정신역동적 심리치료, 성인 기분 장애, 불안장애, 성격장애 치료 등이다.

역자 소개

김진숙

경북대학교 사범대학 교육학과 교수이며 한국청소년상담원(현 한국청소년상담복지개발원) 상담교수를 역임했다. 미국 웨스턴 미시간 대학교에서 상담심리학 전공으로 석·박사 학위를 취득했다. 대상관계 분야의 역서로 대상관계이론과 실제(공역, 학지사, 2007), 심리치료에서 대상관계와 자아기능(공역, 학지사, 2008), 대상관계이론 입문(공역, 학지사, 2008), 애착과 심리치료(공역, 학지사, 2010)가 있고, 논문으로는 애착이론의 내적작동모델과 상담적 적용점(상담학연구, 2013), 투사적 동일시의 의미와 치료적 활용(한국심리학회지: 상담 및 심리치료, 2009) 등이 있다.

대상관계 심리치료 실제
-사례로 보는 치료 안내서-

The Little Psychotherapy Book
-Object Relations in Practice-

2019년 2월 25일 1판 1쇄 발행
2024년 9월 25일 1판 7쇄 발행

지은이 • Allan G. Frankland
옮긴이 • 김 진 숙
펴낸이 • 김 진 환
펴낸곳 • (주) 학지사

　　　　　04031 서울특별시 마포구 양화로 15길 20 마인드월드빌딩 5층
대표전화 • 02) 330-5114　　　팩스 • 02) 324-2345
등록번호 • 제313-2006-000265호

홈페이지 • http://www.hakjisa.co.kr
인스타그램 • https://www.instagram.com/hakjisabook

ISBN 978-89-997-1767-3 93180

정가 16,000원

출판미디어기업 학지사

간호보건의학출판 학지사메디컬 www.hakjisamd.co.kr
심리검사연구소 인싸이트 www.inpsyt.co.kr
학술논문서비스 뉴논문 www.newnonmun.com
원격교육연수원 카운피아 www.counpia.com
대학교재전자책플랫폼 캠퍼스북 www.campusbook.co.kr